Jürgen Wagner

# Am Ende eines Regenbogens

Heitere Märchen
für die Feste des Jahres

2

*Wenn du einen Regenbogen willst,*
*musst du dir den Regen gefallen lassen!*

Dolly Parton

# INHALT

## IV Wege ins Leben – Jugend und Aufbruch

## V  Verliebt, verlobt, verheiratet

## VI  Hochzeit und Eheleute

## VII   Zum Geburtstag

## VIII   Für alle Tage und gesellschaftliche Anlässe

## IX   Für Kranke und Gesunde

## X   Aus dem Reich der Magier und Geister
## - Für Abende

## XI  Für alte Menschen und hohe Geburtstage

## XII  Sterben und Trauer

## XIII  Jahresfeste und Jahreskreis
### Frühling und Ostern

### Sommer und Sonnwend

# VORWORT

*„Im Märchen begegnen wir dem Weisheitsstrom der Völker"* (Josef H. Perrar). *Volksmärchen* nähren nicht den Körper, aber unsere Seele. Sie unterhalten, geben Orientierung, lassen Bilder aufsteigen, schaffen Gemeinschaft, Entspannung, ja Heilung. Auch im 21. Jahrhundert brauchen wir Seelenbilder, die aus dem kollektiven Bewusstsein der Völker kommen. Sie vermögen bei Zusammenkünften das Eis zu brechen und Menschen füreinander öffnen. Außerdem können sie uns in wichtigen Übergängen des Lebens begleiten.

Hier sind vorwiegend heitere Märchen aus verschiedensten Ländern und Kulturen gesammelt, die bei vielen Anlässen und Zusammenkünften verwendet werden können: zu Geburt und Taufe, Kindergarten und Kindergeburtstag, Schule und Konfirmation Fest- und Geburtstage, Hochzeit und Jubiläen, Gottesdienste und Rituale, Jahresfeste und Abende, für Krankheit und Sterben. Natürlich eignen sie sich auch zur eigenen Lektüre und Unterhaltung. Sie sind freilich nicht nur Zerstreuung, sondern tragen den Erfahrungsschatz vieler Völker in sich im Umgang mit allen möglichen Schwierigkeiten des Lebens.

Je ernster und rauer die Zeiten werden, desto mehr brauchen wir dafür auch den anderen Pol: die Freude, die Heiterkeit, die Entspannung. Nicht um zu verdrängen, sondern um in der Balance zu bleiben und weiter gut leben zu können. „Lachen ist gesund", sagt der Volksmund - und Recht hat er! Heitere Geschichten sind ein gutes Mittel gegen schlechte Laune, Frustration, Hoffnungslosigkeit und Resignation. Möge die vorliegende Sammlung vielen zur Freude gereichen, Wegweisung geben und Begegnung und Gemeinschaft ermöglichen.

Einen großen Anteil an diesem Buch hat die Märchenerzählerin H.C. Heim, der wir viele gute Erzählfassungen hier verdanken! Sie dürfen gerne weitererzählt werden!

## I Ermutigung zum Leben – Geburt und Lebensweg

*Der lange Weg zu sich selbst*

## DER SCHATZ AM ENDE DES REGENBOGENS

Es war einmal ein alter Mann. Der lebte ganz allein im Wald in einer kleinen Hütte und war sehr, sehr unglücklich. Jeden Tag saß er auf einer Bank vor seinem Häuschen und starrte vor sich hin. Er hörte nicht, wie die Vögel sangen, er spürte den Wind nicht, der mit den Blättern der Bäume spielte, er fühlte nicht die Sonnenstrahlen auf seiner Haut, er roch den würzigen Tannenduft nicht und er sah nicht, wie die Tiere des Waldes immer wieder nahe herankamen. Er hielt den lieben langen Tag den Kopf gesenkt und dachte nach. Seine Gedanken

10

kreisten immer nur um eine Sache. Warum, so fragte er sich wieder und wieder, warum nur war die Prophezeiung der schönen Fee nicht in Erfüllung gegangen? Dabei war der Fall doch ganz klar. Seine Mutter hatte ihm die Geschichte oft erzählt. Damals, als er vor vielen Jahren in dem alten Wasserschloss, in der Mitte des Waldsees geboren wurde, damals, genau eine Stunde nach der Geburt, hatte auf einmal eine Fee an seiner Wiege gestanden. Sie hatte wunderschöne lange Haare, erinnerte sich seine Mutter. Fein und schimmernd wie Spinnweben, auf die die Sonne scheint. Und sie hatte ein Lächeln auf den Lippen, das jeden, ob Mann oder Frau, dahinschmelzen ließ. Was die Fee dann gesagt hatte, das hat sich der Mann genau gemerkt, zu oft hatte es ihm seine Mutter, die nun natürlich längst gestorben war, wiederholen müssen. Am Ende des Regenbogens liegt ein großer Schatz für dich. Genau diese Worte hatte die Fee zu dem Säugling gesprochen. Dann war sie verschwunden. Kaum war er alt genug, hatte der Mann auf der ganzen Welt nach diesem Schatz geforscht. Er war von Land zu Land gereist, hatte in den Bergen nach Edelsteinen, in den Flüssen nach Gold gesucht, und er war nach versunkenen Schiffen auf den Meeresgrund getaucht. Es war ein wildes, abenteuerliches Leben gewesen, voller Ungeduld und Gier. Doch den Schatz, nein, den hatte er nie gefunden. Er war arm wie eine Kirchenmaus geblieben, und sein Erbe, das schöne Wasserschloss, fiel an seinen jüngeren Bruder, weil er sich nie darum gekümmert hatte. "Am Ende des Regenbogens, so ein Unsinn!" pflegte er regelmäßig am Ende seiner Grübelein zu sagen und missmutig in die Hütte zurück zu stampfen, um sich schlafen zu legen. So lebte er dahin, bis eines Tages etwas geschah. Es hatte tagelang geregnet, doch plötzlich war mit Macht die Sonne durchgebrochen, obwohl es noch etwas nieselte. Der alte Mann saß mal wieder mit gesenktem Kopf vor seiner Hütte und zertrat wütend eine kleine Blume. Doch plötzlich veränderte sich das Licht, und der alte Mann schreckte auf. Und da sah er es. Ein riesiger Regenbogen spannte sich über den Wald, hoch über die höchsten Wipfel der Bäume. Ein Regenbogen in den schönsten Farben, so prächtig, wie er es noch nie gesehen hatte. Und das Ende des Regenbogens zeigte genau auf ihn. Ja, der alte Mann saß direkt am Ende des Regenbogens. Da kam ihm die Erleuchtung: der Schatz am Ende des Regenbogens, das war er selber! Der alte Mann begann zu weinen. Er ging in seine Hütte und weinte drei Tage und drei Nächte lang. Dann trat er wieder heraus. Er holte tief Luft und spürte, wie das Leben in ihn zurückströmte. Er fühlte sich um Jahrzehnte jünger. Er sah auf den Boden und bemerkte einen kleinen Käfer, der auf den Rücken gefallen war. Er bückte sich und drehte ihn behutsam herum. Dann blickte er hoch und nahm wahr, dass der Himmel leuchtend blau war. Da wusste er, dass ein langes, glückliches Leben vor ihm lag.[1]

---

[1] Quelle unbekannt.

## LUMPENROCK

Es war einmal ein reicher Edelmann, der wohnte in einem großen Schloss am Meer. Außer einer kleinen Enkelin hatte er aber niemand mehr, seine Frau und seine Kinder waren alle gestorben. Er war nicht nur traurig, sondern auch verbittert und hatte seine Enkelin noch nicht ein einziges Mal angesehen. Er konnte sie nicht ertragen, weil seine Lieblingstochter bei ihrer Geburt gestorben war. Und als die alte Kinderfrau ihm einst die

Kleine brachte, sprach er, er wolle ihr niemals ins Gesicht schauen. Er drehte sich einfach um, blickte aus dem Fenster aufs Meer hinaus und weinte bittere Tränen, weil er seine Tochter verloren hatte. Lange saß er so da und wurde ganz gebeugt vor Kummer.

Seine Enkelin wurde trotzdem ein hübsches Mädchen, auch wenn niemand für sie sorgte und sie kleidete. Nur die alte Kinderfrau gab ihr manchmal, wenn niemand in der Nähe war, eine Schüssel mit Küchenabfällen oder einen zerrissenen Rock aus dem Lumpensack. Die anderen Diener verspotteten die Kleine und nannten sie „Lumpenrock". Der Einzige, der ihr Gesellschaft leistete, war der Gänsehirt. Wenn sie hungrig war oder müde oder fror, dann blies er so fröhlich auf seinem Pfeifchen, dass sie ihre Sorgen vergaß und zu tanzen begann.

Eines Tages erzählten sich die Leute, der König wolle all den vornehmen Herren und Damen in der nahe gelegenen Stadt einen Ball geben. Auf diesem Fest sollte der Prinz, sein einziger Sohn, sich eine Frau wählen. Eine Einladung wurde auch ins Schloss am Meer gebracht, und die Diener trugen sie zu dem alten Edelmann hinauf. Der saß wie so oft gebeugt auf dem Stuhl am Fenster und weinte. Als er von der Einladung des Königs hörte, stand er auf, legte er kostbare Kleider an und schmückte sich mit seinen Juwelen. Er befahl, seinen Schimmel zu satteln und ihm die golden verzierte Seidendecke aufzulegen. Nun konnte er zum König reiten.

Inzwischen hatte auch Lumpenrock gehört, was in der Stadt vor sich gehen sollte. Sie setzte sich weinend neben die Küchentür, weil sie nicht mitgehen und alles anschauen durfte. Als die alte Kinderfrau sie schluchzen hörte, ging sie zum Schoßherrn und bat ihn, seine Enkeltochter doch mit auf den Ball zu nehmen. Er runzelte nur die Stirn und gebot ihr zu schweigen. Die Diener aber sagten: „Lumpenrock ist ganz zufrieden mit ihrem Leben. Lasst sie, wo sie ist - zu was anderem taugt sie gar nicht." Die alte Kinderfrau wollte Lumpenrock trösten, aber sie war schon fortgelaufen. Sie erzählte ihrem Freund, dem Gänsehirten, von ihrem Kummer. Der bat sie, nicht weiter zu klagen, und schlug vor, mit ihr gemeinsam in die Stadt zugehen, um sich den König und das schöne Fest anzusehen. Da blickte sie bekümmert auf ihre Lumpen und bloßen Füße hinunter, doch er nahm seine Pfeife und blies ein Liedlein. Das war so fröhlich, dass sie bald ihre Sorgen vergaß. Er fasste sie bei der Hand, und tanzend zogen

die beiden mit ihrer Gänseschar die Straße hinab,
dar zur Stadt führte.

Sie waren noch nicht weit gelaufen, da kam ein hüb-
scher junger Mann angeritten, der aufs prächtigste
gekleidet war. Er fragte sie nach dem Weg zum
Schloss. Als er hörte, dass auch sie dahin unterwegs
waren, stieg er vom Pferd und ging neben ihnen
her. Der Hirtenjunge zog seine Pfeife heraus und
spielte eine süße Melodie. Wieder und wieder
blickte der Fremde in Lumpenrocks liebliches Gesicht, bis er sich Hals über Kopf in sie verliebte und
sie bat, ihn zu heiraten. Doch sie schüttelte nur den
Kopf und erwiderte: „Schön auslachen würden sie
dich, wenn du ein Gänsemädchen zur Frau hättest.
Geh und frag eine der vornehmen Damen, die du
heute Abend beim Ball des Königs treffen wirst,
und mach dich nicht über Lumpenrock lustig." Aber je hartnäckiger sie ablehnte, desto süßer
erklang die Hirtenpfeife, und desto heftiger verliebte sich der junge Mann in Lumpenrock. Und
zum Beweis, dass er es ernst meinte, bat er sie, um
zwölf Uhr in der Nacht auf dem Ball zu erscheinen.
Sie sollte so kommen, wie sie war, mit dem Hirten-
jungen und seinen Gänsen, in ihrem zerrissenen
Rock und den bloßen Füßen. Vor dem König und
all den vornehmen Herren und Damen wollte er mit
ihr tanzen und sie als seine liebe und hoch geachtete
Braut vorstellen.

In der Nacht war der Saal des Schlosses hell er-
leuchtet. Die Musik spielte, und die vornehmen
Herren und Damen tanzten vor dem König. Da - genau als es zwölf Uhr schlug - traten Lumpenrock

und der Hirtenjunge durch die großen Flügeltüren. Eine schnatternde Gänseschar folgte ihnen. Sie schritten geradewegs durch den Ball-saal, während zu beiden Seiten die Damen miteinander tuschelten. Die Herren lachten, und der König, der am anderen Ende saß, starrte ihnen erstaunt entgegen.

Nun waren sie vor dem Thron angelangt. In diesem Augenblick erhob sich Lumpenrocks Liebster von seinem Sitz neben dem König und ging auf sie zu. Er nahm sie bei der Hand, küsste sie vor allen Leuten dreimal und drehte sich zum König um. „Vater", sagte der Prinz, „ich habe meine Wahl getroffen. Hier ist meine Braut, das lieblichste Mädchen im ganzen Land und das beste dazu." Noch hatte er nicht zu Ende gesprochen, da setzte der Gänsehirt die Pfeife an die Lippen und blies einige leise Töne; es klang, als ob ein Vogel weit, weit weg im Walde sang. Da verwandelten sich die Lumpen der Braut in glänzende Kleider, mit glitzernden Juwelen besetzt, auf ihren goldenen Haaren saß eine goldene Krone, und die Gänse wurden zu niedlichen Pagen, die ihre lange Schleppe trugen.

Nun erhob sich der König, um sie als seine Tochter zu begrüßen. Zugleich erklangen zu Ehren der neuen Prinzessin laut die Trompeten, und die Leute draußen auf der Straße sagten: „Ach, nun hat der Prinz sich das hübscheste Mädchen im ganzen Land zur Frau gewählt!"

Der Gänsehirt aber ward nicht wieder gesehen, und niemand wusste, was aus ihm geworden war. Der alte Edelmann zog heim in sein Schloss am Meer. Er war nicht länger traurig, denn er hatte seine Enkelin nun anschauen können und sah, dass sie seiner Tochter sehr ähnlich war. Er freute sich nun mit ihr und saß nicht länger am Fenster, um auf das Meer hinaus zu schauen.[2]

## II  Gesegnet und begleitet - Zur Taufe

*Wie ein Kind zu Weinen aufhörte*

### DER GÄNSEHIRT

Ein König hatte einen kleinen Jungen, der weinte fort und fort, so dass seine Eltern nicht mehr wussten, was sie mit ihm machen sollten. Sie gaben ihm Kamillentee mit Zucker, rieben ihn mit Butter ein, wiegten ihn, trugen ihn herum - es half alles nichts, er weinte und weinte, bis auch seine Mutter weinte, weil sie nichts mit ihm machen konnte.

In einer Nacht klopfte jemand ans Fenster. Es waren drei Pfarrherren, welche die Nacht auf der Straße überrascht hatte, nun baten sie um Herberge. Der König rief sie ins Haus und gab ihnen Abendessen. Der Junge aber fing an, zu weinen und zu weinen und hörte nicht mehr auf. Da sagte einer der Pfarrer: „Wir wollen ihn taufen, vielleicht weint er dann nicht mehr." Sie tauften ihn, alle drei Pfarrer waren

---

[2] A. Ehrentreich, Volksmärchen aus England I, Frankfurt, Berlin, Wien 1980. Erzählfassung: J.W.

Paten. Der Knabe wurde ruhig, aber es hielt nicht so lange, wie sie sich erhofft hatten.

Es wurde nur wenig besser mit ihm. Nach 3 Jahren kam eine alte Frau und sagte, wenn ihr der König 100 Gulden gäbe, so würde sie den Jungen dazu bringen, dass er *nicht* mehr weine. Er versprach es. Sie richtete ein Bad und badete das Kind, nahm es dann in den Arm und sang ihm diese Worte: „Schweig, mein Knabe, schweig, du bekommst dann auch die Königstochter zur Frau, welche auf den Felsen Heu macht und den Blumen den Geruch gibt, schweig, mein Knabe, schweig." Er hörte auf sie - und weinte seitdem nicht mehr.

Als er 20 Jahre alt war, ging er zu seiner Mutter und bat sie, sie möchte ihm Wegzehrung in den Rucksack legen, er gehe, sich die Braut zu suchen. Wie seine Mutter nichts mit ihm anfangen konnte, als er klein war, so war es auch jetzt, da er groß geworden war. Sie sagte: „Mein lieber Sohn, bleib zu Hause, du bist noch zu jung, wirst schon noch eine Frau bekommen, wenn du älter bist." Er aber sagte: „Ich will keine andere Frau als die, von der mir die Alte sang, als ich noch klein war".

Darauf legte ihm seine Mutter Proviant in seinen Rucksack, und er ging, vor sich Tag, hinter sich Nacht. Er ging weit, weit, bis er einen Hof erreichte. Die Sonne ging gerade unter, er war müde und trat ein. Was für ein Glück hatte er! Gerade in das Haus seines ältesten Paten war er eingetreten! Der Alte kam heraus. „Guten Abend, lieber Pate." - „Ich danke dir, Patenkind, was bringst du mir?" – „Ich bringe gute Laune, ich gehe mir die Braut suchen.

Kannst du mir nicht den Weg weisen, wo die Königstochter wohnt, welche auf den Felsen Heu macht und den Blumen den Geruch gibt?" – „Ich weiß es nicht, aber ich will die Meinen fragen, ob sie es nicht wissen." Er ging hinaus und rief alle im Haus zusammen. Aber keiner kannte die Königstochter, welche auf den Felsen Heu macht und den Blumen den Geruch gibt. Es war niemand dort gewesen. Doch gab ihm sein Pate einen goldenen Apfel, in den alles hineingeht, sei es noch so groß. Der Jüngling dankte, steckte ihn ins Hemd, nahm Abschied und ging weiter, vor sich immer Tag, hinter sich Nacht.

Er ging wieder bis gegen Abend, dann erreichte er wieder ein Haus, da wohnte doch sein zweiter Pate. „Guten Abend, lieber Pate!" - „Du sollst leben, mein Patenkind, was bringst du mir?" – „Gute Laune, Pate, ich gehe, mir die Braut suchen, von der mir die Alte gesungen hat, als ich immer weinte. Wisst ihr nicht, wo die Königstochter wohnt, welche auf den Felsen Heu macht und den Blumen den Geruch gibt?" – „Ich weiß wirklich nicht, aber vielleicht wissen es andere." Er ging zum Fenster und rief alle Wölfe und Füchse, sie sollten sich unter dem Fenster versammeln. Sie waren gerade alle gekommen. Der Pfarrer fragte sie nach der Königstochter, die auf dem Felsen Heu macht und den Blumen den Geruch gibt. Es war aber keiner da gewesen, sie hatten nicht einmal etwas von ihr gehört. So gab ihm der Pate nur drei Federn in einem Beutel, eine kupferne, eine silberne und eine goldene. Aus der kupfernen kommt, wenn man sie bewegt, ein kupfernes Pferd, aus der silbernen ein silbernes, aus der goldenen ein goldenes Pferd, eines kraftvoller als das andere. Er steckte sie in sein Hemd, dankte und ging fort, vor sich Tag, hinter sich Nacht.

Er ging weiter, bis er an wieder an ein Haus kam. Hier wohnte sein jüngster Pate. „Guten Abend, lieber Pate!" – „Du sollst leben, Patenkind! Was bringst du mir?" – „Sieh, ich bringe dir gute Laune, ich bin auf dem Wege zur Braut." – „Ach, geh, du wirst doch nicht Heiratsgedanken haben?" - „Ja wirklich, ich gehe mir die Braut zu suchen, von der mir die Alte gesungen, als ich immer weinte. Wisst ihr nicht, wo die Königstochter wohnt, welche auf den Felsen Heu macht und den Blumen den Geruch gibt?" – „Ich weiß es nicht, aber vielleicht weiß es jemand von den Meinen." Er ging ans Fenster und pfiff, da kamen die Vögel herbei, und er fragte sie, ob sie nicht vielleicht etwas gepickt haben im Garten der Königstochter, welche auf den Felsen Heu macht und den Blumen den Geruch gibt? Doch nicht einer war dort gewesen; nur einmal, siehe, kommt noch ein Vogel langsam herbei mit zerschossenem Flügel. „Was ist mit dir, Vöglein?" – „Ach, Herr, ich hatte mich verirrt im Lande der Königstochter, welche auf den Felsen Heu macht und den Blumen den Geruch gibt, dort hat mich ein Mensch geschossen, welcher auf die Jagd ging." „Wo ist das Land?" fragte der Pfarrer. „Es ist weit, dort hinter dem Glasberge, aber der Junge wird auch den nicht finden, ich werde mit ihm gehen." - „Geh, mein Vöglein", sagte der Pate und gab seinem Patenkind einen goldenen Ring: „Wenn du diesen Ring bewegst, geschieht, was du verlangst. Aber du sollst dir wünschen, ein Gänsehirt zu sein und goldene Gänse zu hüten. Die Königstochter wird dich sehen, du wirst ihr gefallen, sie wird die Gänse kaufen wollen." Er dankte, nahm Abschied und ging dann mit dem Vogel bis an den Glasberg. Dann nahm er die kupferne Feder, es kam ein kupfernes Pferd. Er kam auf diesem aber nicht weit hinauf, es war zu glatt. Er nahm dann das silberne, mit diesem erreichte er die halbe Höhe, aber mit dem goldenen ging er über den Glasberg hinüber, von dort sah er die Häuser der Königstochter.

Jetzt wünschte er sich ein Gänsehirt zu sein mit goldenen Gänsen, und sogleich hatte er die goldenen Gänse neben sich. Er hütete sie auf einer Wiese neben der Straße, auf welcher die Königstochter in die Stadt auf den Ball fuhr. Sie stand immer am Fenster und sah hinaus auf die goldenen Gänse und wünschte sie zu kaufen. Eines Tages fuhr sie auf den Ball, und wie sie nahe an die goldenen Gänse kam, rief sie den Gänsejungen und gab ihm zehn Kreuzer. Als sie vorüber war, bewegte er die kupferne Feder, es kam das kupferne Pferd heraus, und er, ein schöner junger Mann, setzte sich darauf und ritt auch auf den Ball und tanzte in einem fort, immer mit der Königstochter. Dieser junge Herr gefiel ihr sehr. Er sagte ihr aber nicht, wer er sei und ging vor Ende des Balles fort. Am andern Tage fuhr die Königstochter wieder auf den Ball. Wie sie auf der Straße wieder zu den goldenen Gänsen kam, rief sie den Gänsejungen an die Kutsche und gab ihm zehn Kreuzer. Als sie vorüber war, zog er die silberne Feder hervor, setzte sich auf das silberne Pferd und ritt zum Tanze und tanzte immer nur mit der Königstochter, aber wieder ging er vor den anderen Mädchen und Burschen vom Tanze weg. Als er fort war, wurde die Königstochter traurig, denn er hatte ihr seinen Namen nicht gesagt, und sie mochte ihn so sehr. Am nächsten Tage nahm sie sich Pech in die Tasche, um ihn zu zeichnen. Als sie auf den Ball fuhr und an den Gänsen vorbeikam, gab sie dem Gänsejungen wieder zehn Kreuzer. Was sollte dies wohl sein, dass dieser Hirte ihr so gut gefiel? Fast gefiel er ihr besser als seine goldenen Gänse, dieses Mal war er aber auch ganz nahe an der Straße gestanden und hatte auf die zehn Kreuzer gewartet. Als sie fort war, setzte er sich geschwind auf das goldene Pferd und ritt hinter ihr. Wie sie beide zusammen tanzten, klebte sie ihm das Pech in den Nacken. Am nächsten Tage befahl sie ihren Dienern, sie sollten alle jungen Männer aus dem ganzen Lande baden. Den, in dessen Nacken sie Pech fänden, sollten sie zu ihr bringen. Doch sie fanden es bei keinem. „Habt ihr denn alle gebadet?" – „Alle, nur den Gänsejungen nicht." – „Badet auch den." Als sie ihn genommen und baden sollten, da hatte der das Pech im Nacken. Gut. Jetzt war große Freude und Verlobung. Aber jetzt wollte der Königssohn mit seiner Braut in sein Land ziehen, aber sie wusste nicht, wie sie ihr Land allein hier lassen sollte. Nur einmal öffnete der Bräutigam den goldenen Apfel und steckte das ganze Land mit allem hinein, dann setzten sie sich beide in den Wagen, vor den das silberne, kupferne und goldene Pferd gespannt waren. So fuhren sie nach Hause und feierten die Hochzeit, die Paten hatten sie alle drei geladen, und diese waren die Trauzeugen - und das Vöglein sang am Fenster.[3]

*Das Kind und sein Krafttier*

## DIE KÖNIGSTOCHTER IN DER FLAMMEN-BURG

Es war einmal ein armer Mann, der hatte so viele Kinder, als Löcher sind in einem Sieb, und hatte alle Leute in seinem Dorfe schon zu Gevatter gehabt. Als ihm nun wieder ein Söhnlein geboren wurde, setzte er sich an die Landstraße, um den ersten besten Menschen als Paten zu bitten. Da kam ein alter Mann in einem grauen Mantel die Straße daher, den bat er. Der nahm den Antrag willig an, ging mit und hielt den Jungen bei der Taufe. Als sie vorüber war, schenkte der alte Mann dem Armen eine Kuh mit einem Kalb. Das Kalb aber war an demselben Tage wie der Junge zur Welt gekommen und hatte vorn auf der Stirne einen goldenen Stern, das sollte ihm gehören.

Als der Junge größer war, ging er mit seinem Stier, der war nun ein großer Stier geworden, jeden Tag auf die Weide. Der Stier aber konnte sprechen und wenn sie auf dem Berg angekommen waren, sagte er zu dem Jungen: „Bleibe du hier und schlafe, indes will ich mir schon meine Weide suchen!" Sowie

---

[3] P. Schullerus, Rumänische Volksmärchen aus dem mittleren Harbachtal, 1907 leicht bearbeitet vom Vf.

der Junge schlief, rannte der Stier wie der Blitz auf die große Himmelswiese und hier fraß er goldene Sternblumen. Wenn der Junge aufwachte, kam er zurück und dann gingen sie nach Hause. Und das geschah lange Zeit.

Als der Junge zwanzig Jahre alt und ein Bursche geworden war, sprach der Stier eines Tages zu ihm: „Setz dich mir zwischen meine Hörner, ich trage dich zum König. Verlange von ihm ein sieben Ellen langes Schwert und sage ihm, du wollest seine Tochter erlösen." Bald waren sie an der Königsburg; der Bursche stieg ab und sagte dem König, warum er gekommen sei. Der gab ihm gerne das verlangte Schwert. Aber er hatte keine große Hoffnung, seine Tochter wiederzusehen, denn schon viele kühne Jünglinge hatten es vergeblich gewagt, sie zu befreien. Es hatte sie nämlich ein Drache mit zwölf Köpfen entführt und dieser wohnte weit weg, wohin niemand gelangen konnte. Erstens war auf dem Wege dahin ein hohes, unübersteigliches Gebirge, zweitens ein weites und stürmisches Meer und drittens wohnte der Drache in einer Flammenburg. Wenn es nun auch jemandem gelungen wäre, über das Gebirge und das Meer zu kommen, so hätte er doch durch die mächtigen Flammen nicht hindurchdringen können, und wäre er glücklich durchgedrungen, so hätte ihn der Drache umgebracht.

Als der Bursche das Schwert hatte, setzte er sich dem Stier zwischen die Hömer und im Nu waren sie vor dem großen Gebirgswall. „Da können wir wieder umkehren, da kommen wir nie hinüber!" sagte er zum Stier. Der Stier aber sprach: „Warte nur einen Augenblick!" und setzte den Burschen zu Boden. Dann nahm er einen Anlauf und schob mit seinen gewaltigen Hörnern einen Berg ein wenig auf die Seite, sodass sie weiterziehen konnten.

Nun setzte der Stier sich den Burschen wieder zwischen die Hörner und bald waren sie am Meere angelangt. Aber das Meer war wild und die Wellen brausten hoch. „Aber jetzt können wir gleich wieder umkehren! Hier kann niemand hinüber!" – „Warte nur einen Augenblick und halte dich an meinen Hörnern fest!" Da neigte der Stier den Kopf zum Wasser und soff und soff und soff das ganze Meer auf, sodass sie trockenen Fußes, wie auf einer Wiese, weiterzogen. Nun waren sie bald an der Flammenburg. Aber da kam ihnen schon von weitem solche Glut entgegen, dass der Bursche es nicht mehr aushalten konnte. „Halte ein! Nicht weiter, sonst müssen wir verbrennen!" Der Stier aber lief ganz nahe und goss auf einmal das Meerwasser, das er getrunken hatte, in die Flammen, sodass sie verlöschten. Aber nun stieg ein mächtiger Qualm auf, der den ganzen Himmel bedeckte. Und aus dem fürchterlichen Rauch stieß der Drache mit den zwölf Köpfen voller Wut hervor. „Nun ist es an dir!" sprach der Stier, „sieh zu, dass du dem Ungeheuer alle Häupter auf einmal abschlägst!" Der Bursche nahm alle seine Kraft zusammen, fasste das gewaltige Schwert in beide Hände und versetzte dem Ungeheuer einen so geschwinden Schlag, dass alle Häupter herunterflogen. Aber nun schlug und ringelte sich der Leib auf der Erde, dass sie erzitterte.

Der Stier aber nahm den Drachenrumpf auf seine Homer und schleuderte ihn nach den Wolken, also, dass keine Spur mehr von ihm zu sehen war.

Dann sprach er: „Mein Dienst ist nun zu Ende. Geh jetzt ins Schloss, da findest du die Königstochter, führe sie heim zu ihrem Vater!" Damit rannte er fort auf die Himmelswiese und wurde auf Erden nie mehr gesehen. Der Bursche fand die Königstochter und sie freute sich sehr, dass sie nun von dem garstigen Drachen erlöst war. Sie fuhren zu ihrem Vater, hielten Hochzeit, und es war große Freude im ganzen Königreich.[4]

*Ins Leben helfen*

**DIE PRINZESSIN UND DIE NIXE**

Es war einmal eine Königin, die wohnte in einem herrlichen Schloss. Dieses hatte einen großen Park und einen blauen See. Dort ging sie jeden Tag spazieren. In dem See aber wohnte eine Nixe, die ihr schon manchmal heimlich zugesehen und die schöne Menschenfrau lieb gewonnen hatte. Eines Tages, als die Königin eines Tages sich an das am Ufer gesetzt hatte, tauchte die Wasserfrau auf, setzte sich zu ihr und unterhielt sich freundlich mit

---

[4] Deutsche Volksmärchen aus dem Sachsenland in Siebenbürgen, J. Haltrich, Wien 1887, Erzählfassung: H.C. Heim.

ihr. Fortan trafen sie sich öfters und wurden zuletzt so vertraut miteinander, dass die Nixe bat, sie möchte einmal Patin bei ihrem ersten Töchterchen werden. Die Königin nahm dieses Anerbieten dankbar an, und als sie nicht lange danach ein Mädchen gebar, lud sie die Nixe zum Tauffest ein.

Als der Tag da war, und die Königin alles gerichtet hatte, ging die Tür auf und die Nixe trat herein. Ihr Gesicht war so weiß und rein wie das der Wasserlilie, und ein zarter, silbergrauer Schleier umhüllte ihre Gestalt. Sie hielt das Kind zur Taufe, legte ihm als Patengeschenk drei kleine Vogeleier in die Wiege und sprach: „Bewahrt sie immer gut auf; sie könnten dem Kinde einmal nützlich werden!" Dann verschwand sie vor aller Augen wie ein leichter Nebelhauch.

Die kleine Prinzessin war noch keine zwei Jahre alt, da starb die Mutter an hohem Fieber, und der König nahm bald darauf eine andere Frau. Die Stiefmutter aber konnte das Kind der Verstorbenen nicht leiden und kümmerte sich nicht viel um sie. Sie überließ es einer Amme, die mit der kleinen Prinzessin im Park spazieren ging. Stundenlang spielte sie ganz allein in der Nähe des Sees. Da kam eines Tages die Nixe ans Ufer und erzählte ihrem Patenkind allerlei schöne und lustige Geschichten.

Als die junge Königstochter herangewachsen war, geschah eines Tages ein großes Unglück: Während eines Gewitters fuhr der Blitz in das Haus und tötete den König. Zum Glück konnte die Prinzessin sich und die drei Vogeleier retten. Mit ihnen eilte sie nun in ihrer großen Not hinaus an den See, rief der Patin und erzählte ihr von dem Unglück, das geschehen war. Aber die Nixe tröstete sie: „Solange du die drei Vogeleier verwahrst, bist du immer noch reich genug! Sie bergen drei Wünsche, die dir, sobald du sie aussprichst, in Erfüllung gehen. Doch verschwende sie nicht leichtfertig, sondern bewahre dir den letzten für den Notfall auf!" Die Prinzessin bedankte sich herzlich bei der guten Patin und versprach, ihren Rat wohl zu beachten. „Und nun gehe durch diesen Wald", sprach die Nixe. „Du wirst bald zu einem schönen Schloss kommen. Da geh hinein und verdinge dich als Magd; es wird dein Schaden nicht sein."

Nun wanderte die Königstochter mutterseelenallein durch den großen, dunkeln Wald. Sie begegnete nur einem einfachen Bauernmädchen und, weil sie in Sorge war, dass man sie im Schloss mit ihren vornehmen Kleidern nicht als Magd nehmen würde, tauschte mit ihm die Kleider. „Nun wird mich niemand erkennen", dachte die Prinzessin bei sich, und wanderte weiter durch den großen Wald, bis sie endlich zu dem Schloss kam. Sie trat ein und fragte, ob man keine Magd brauche. O ja, man könne schon eine brauchen, hieß es. Sie durfte bleiben, musste aber mit ihren feinen weißen Händen die härteste Arbeit verrichten, so dass sie davon bald ganz rau und sonngebräunt wurden. Aber sie schaffte mit Willen und Fleiß und war stets freundlich gegen jedermann. So hatte sie es auch gut im Schloss, und ehe sie sich's recht versah, waren sieben Jahre dahingegangen.

Da gedachte der junge Sohn des Königs sich zu verheiraten, und um sich die schönste Frau aussuchen zu können, veranstaltete er ein großes Fest, zu dem alle adeligen. und vornehmen Töchter des Landes eingeladen wurden. Wie nun die Gäste nacheinander in prächtigen Kleidern im Schloss eintrafen, dachte die Prinzessin, die in der Küche drunten ihre geringen Magddienste tat: „Es wäre doch schön, wenn ich auch in dem herrlich geschmückten Saal beim Tanze sein könnte." Traurig saß sie in der Ecke neben dem Herde und sann vor sich hin. Da fielen ihr plötzlich die drei Wunscheier ein, und weil sie ihrem Verlangen gar nicht widerstehen konnte, schlich sie heimlich in ihre Kammer hinauf, wusch und kämmte sich und wünschte dann ein silbernes Kleid mit allem Schmuck, der dazugehörte. Im Augenblick lag alles auf dem Stuhle und war schöner, als sie es sich je hätte träumen lassen. Fröhlich zog sie es an, beschaute sich erst noch einmal im Spiegel und eilte dann in den Saal. Das schöne unbekannte Fräulein gefiel dem Königssohn so gut, dass er sich den ganzen Abend am liebsten mit ihr unterhielt und auch am meisten mit ihr tanzte. Während er aber wieder einmal eines der adeligen Fräulein zum Tanze führte, schlich sie heimlich aus dem Saal und in ihre Schlafkammer. Dort versteckte sie das prächtige Kleid unter dem Bett, zog wieder ihr schlichtes, graues Kleid an und tat ihre Arbeit wie zuvor.

Nach vier Wochen gab der Königssohn wiederum ein Fest, und wie die Mägde einander erzählten, wollte er sich an diesem Abend seine zukünftige Frau aussuchen. Als es dunkel wurde, eilte die Prinzessin in ihre Kammer und tat den zweiten Wunsch. Diesmal wünschte sie sich ein Kleid aus Gold, goldene Schuhe und einen Schmuck aus den allerkostbarsten Diamanten. Im Augenblick lag alles auf dem Stuhle, sie zog es an und trat in den festlich beleuchteten Saal. Da staunten die Damen und Herren noch viel mehr als das erste Mal über das wunderschöne fremde Fräulein; am meisten aber der junge Königssohn selber. Der wich den ganzen Abend nicht mehr von ihrer Seite und gestand ihr am Ende, dass er sie lieber habe als alles auf der Welt. Und wenn auch sie ihn lieb haben könne, so wolle er heute noch mit ihr Verlobung feiern. Sie aber antwortete: Das wäre alles recht und gut, doch sie fürchte, dass ihn sein Wort gereuen werde, wenn er erfahre, wer sie sei. – „Nein! Und tausendmal nein!" sprach da der Prinz. „Mögest du auch sein, wer du willst: ich habe niemand so lieb wie dich und kann ohne dich nicht mehr leben!" Da sagte sie endlich *ja* und dankte ihm mit einem Kuss für den Ring, den er ihr zum Zeichen des Verlöbnisses an den Finger steckte. Weil er sie aber so sehr liebte, wollte er sie so bald wie möglich für immer bei sich haben und sprach: „In vier Wochen soll die Hochzeit sein! Da werde ich dich mit vier schneeweißen Schimmeln in meiner goldenen Kutsche abholen! Darum sage mir, wo du wohnst und wie deines Vaters Burg heißt."

„Ach", sagte sie, „lass mich so wie bisher unerkannt und zu Fuß aufs Schloss kommen. Wenn wir uns dann zum dritten Male wieder sehen, sollst du alles erfahren." Dann verließ sie den Saal, ging heimlich in ihre Kammer, bewahrte das kostbare Gewand gut auf und zog wieder ihr einfaches Küchenkleid an. Wie im Fluge gingen die Wochen vorbei, und ehe die Prinzessin es recht bedacht, war der Hochzeitstag da. Sie hätte sich eigentlich von Herzen darüber freuen müssen; doch im Gegenteil: sie wurde traurig und verzagt, denn ihr fiel mit einem Mal ein, dass sie das dritte und letzte Wunscheilein brauchte, wenn sie in einem weißen Kleide, so wie es Sitte war, zum Hochzeitsfest erscheinen wollte. Was sie aber ihrer Patin, der guten Nixe, beim Abschied versprochen, das wollte sie halten: der letzte Wunsch sollte aufbewahrt bleiben für den Fall der höchsten Not, aus der es keine andere Rettung mehr gab. So legte sie also das Wunschei in das silberne Döschen zurück und blieb als schlichte Magd in der Küche, obgleich sie als Königsbraut im Saale hätte prunken können. Dort aber stand der Bräutigam und wartete und wartete Stunde um Stunde und wurde immer trauriger und unglücklicher, weil seine liebe Braut nicht kam. Nach zwei Tagen dachte der Königssohn, seine Braut sei gestorben und auf immer von ihm gegangen. Da wurde er krank vor lauter Kummer, lag in schwerem Fieber, und kein Arzt konnte ihm helfen. Davon hörte auch die Prinzessin in der Küche. Jetzt machte sie sich bittere Vorwürfe, dass sie den letzten Wunsch zurückbehalten hatte und nicht zur Hochzeit erschienen war. Nun lag der arme Prinz zum Tode krank danieder, und sie allein trug die Schuld daran. Und, sie liebte ihn doch so sehr. Tag und Nacht dachte sie nur an ihn, weinte und sann darüber nach, wie sie ihm helfen und sich ihm zu erkennen geben könnte. Da fiel ihr das aufbewahrte letzte Wunschei ein, und sogleich war sie wieder froh und voll Glück und Zuversicht. Sie nahm es behutsam aus dem Döschen und sprach: „Ich möchte dem Königssohn, meinem Liebsten, helfen!" Dann bereitete sie eine schmackhafte Suppe, goss sie in eine silberne Schüssel und warf ihren Brautring hinein. Ungesehen stieg sie die Treppe empor, klopfte an die Türe zum

Krankenzimmer und trat leise ein. – „Was bringst du mir da?" fragte mit matter Stimme der Königssohn. „Esst diese Suppe, lieber Prinz. Sie wird Euch gut tun", sagte sie liebevoll. Und obwohl er zuerst müde und abweisend den Kopf schüttelte, versuchte er sie zuletzt doch, erst einen Löffel voll und dann noch einen, und allmählich schmeckte ihm die Suppe so gut, dass er die Schüssel ganz ausaß. Da sah er auf ihrem Grunde den Ring liegen, den er einst seiner Braut geschenkt hatte. „Wo ist sie, die den Ring in diese Schüssel warf? Gehe, Mädchen, und suche sie und führe sie eilends zu mir. Ich will es dir reichlich lohnen!" - Froh eilte die Prinzessin in ihre Kammer, legte das goldene Kleid und den kostbaren Schmuck an und trat so vor das Bett des Kranken. Da erkannte der Prinz seine Braut, umarmte und küsste sie und fühlte sich im Augenblick gesund. Die Braut aber sprach und spielte dabei ein wenig die Erzürnte: „Hast mich beim Tanze damals so oft und lange angesehen und mich doch nicht erkannt und geliebt, als ich im schlichten Magdkleid vor dir stand! Habe ich nicht recht gehabt, als ich dir sagte, du würdest mich nicht zur Frau nehmen, wenn du wüsstest, wer ich sei? Soll eine Königstochter nicht auch einmal im grauen Kleide gehen und tun, was eine Magd tut?" Da schloss er ihr den Mund mit einem Kuss und bat sie tausendmal um Verzeihung, und nach sieben Tagen hielten sie Hochzeit und waren ihr Leben lang das glücklichste Königspaar.[5]

---

[5] H. Helferstorfer, Schwäbisch-Alemannische Volksmärchen,1976, Erzählfassung: J.W.

## III  Magisches und Menschliches –
   nicht nur für Kindergeburtstage


*Die Weisheit des Herzens*

## DAS TÖPFCHEN

*Es* lebte einmal eine arme Frau mit ihrer Tochter.
Die Mutter arbeitete immer in der Nacht und spann
Garn, welches das Mädchen tagsüber auf dem Basar verkaufte. So konnten sie miteinander leben und
hatten ihr Auskommen.

Eines Morgens hatte die Mutter viel Garn gesponnen. Sie gab es dem Mädchen und sie konnte es für
gutes Geld auf dem Basar verkaufen. Da sah sie bei
einem Händler einen kleinen Topf, der sie nicht
mehr losließ. Sie dachte sich: ‚Für das heutige Geld
kaufe ich statt des Brotes diesen kleinen Topf!' Sie
bezahlte und bekam ihn auch. Doch als sie nach
Hause kam, war kein Brot zum Essen da; denn sie
hatte nur den Topf mitgebracht.
Da schlug sie die Mutter vor lauter Ärger und warf
den Topf auf die Straße. An jenem Tag legten sie
sich hungrig schlafen.

Eine Hebamme, die gerade von einer Wöchnerin
zurückkehrte, sah auf der Straße den schönen Topf
liegen, nahm ihn, ging nach Hause, wusch und rei-
nigte ihn, machte eine Weinblattroulade, setzte den
Topf auf den Herd und kochte Essen. Gerade als sie
den Deckel hob und sich ans Essen setzen wollte,

wurde an die Tür geklopft und jemand rief die Hebamme schnell zu einer Geburt. Die Hebamme sagt: „Ich esse, wenn ich zurück- komme", lässt das Essen stehen und geht.

Der Topf aber steht - holterdiepolter - auf und geht schnurstracks zum Haus des Mädchens. Er klopft an die Tür, das Mädchen läuft zur Tür und fragt: „Wer ist da?"

Der Topf antwortet: „Das Töpfchen!"

Das Mädchen fragt: „Was ist darin?"

Er sagt: „Eine kleine Weinblattroulade."

Das Mädchen holt die Weinblattroulade heraus und setzt den Topf wieder auf die Straße. Da freut sich auch die Mutter. Beide setzen sich hin und lassen sich die Weinblattroulade schmecken.

Die Frau des Padischahs, die Sultanin, ging am anderen Tag ins Bad, da sieht sie auf der Straße einen schönen Topf. „Nimm diesen Topf!" sagt sie zu ihrer Zofe. Die Zofe nimmt den Topf und sie gehen ins Bad. Im Bad legt die Sultanin, als sie sich auszieht, ihre Diamanten und Perlen hinein. Sie gibt ihrer Zofe den Topf und steigt ins Bad.

Als die Zofe den Topf im Arm hält, wird sie vom Schlaf übermannt und der Topf geht schnurstracks zum Haus des Mädchens und klopft an die Tür.

Das Mädchen fragt wieder: „Wer ist da?"

Der Topf antwortet: „Das Töpfchen!"

Das Mädchen sagt: „Was ist darin?"

Er sagt: „Etwas Schönes."

Das Mädchen nimmt die Diamanten und das Gold, zieht sich an und schmückt sich und setzt den Topf wieder auf die Straße.

Am nächsten Tag ging der Prinz ins Bad. Er sieht den Topf auf der Straße und sagt: „Lala, nimm diesen Topf, was ist das für ein schöner Topf!" Der Lala nimmt den Topf. Sie gehen in das Bad, der Prinz badet sich dort, reinigt sich und lässt sich rasieren.

Der Topf nimmt den Prinzen - hopp - in sich auf und bringt ihn schnurstracks zum Haus des Mädchens. Als er an die Tür klopft, fragt das Mädchen: „Wer ist da?"

Er antwortet: „Das Töpfchen!"

Sie fragt: „Was ist darin?"

Er antwortet: „Ein kleiner Bräutigam!"

Als das Mädchen den Deckel des Topfes aufhebt, steigt ein Prinz heraus, schön wie der Vollmond. Der Prinz aber mustert das Mädchen von oben bis unten: Sie ist ein Mädchen, auch so schön wie der Vollmond. Sie trägt ja Diamanten und Juwelen ... .

Der Prinz fragt: „Mädchen, heiratest du mich?"

Das Mädchen ist einverstanden. Sie machen vierzig Tage und vierzig Nächte lang Hochzeit und das Mädchen setzt den Topf nicht mehr auf die Straße ... .[6]

[6] P. N. Boratav, Türkische Volksmärchen, Berlin 1967. Erzählfassung: J.W.

## DIE EICHE UND DER STEINPILZ

Es war einmal ein junger Eichbaum, der nur ganz langsam wuchs, Woche für Woche waren es nur Millimeter um Millimeter. Nach einem warmen Sommerregen schoss auf einmal neben ihm ein Steinpilz aus der Erde. Schön rundlich war er und hatte eine keck aufs Ohr geschobene Mütze.

„Wie alt bist du, mein Freund?" fragte er die kleine Eiche.

„Ich werde bald fünf Jahre alt", antwortete diese.

„Ich fange grad erst zu wachsen an, bin aber schon fast so groß wie du. Was glaubst du, wie ich noch wachse! Rück ein wenig zur Seite, Freund, sonst reicht mir der Platz nicht aus."

„Gedulde dich doch bitte noch drei Tage", sagte die junge Eiche besorgt, „dann wollen wir weiter- sehen."

Es verging ein Tag, dann der zweite, der Steinpilz wuchs und wurde tatsächlich immer grösser. Der Eichbaum begann, sich ernstlich Sorgen zu machen.

Am dritten Tag schaute er gespannt auf den Stein- pilz - und musste sich sehr wundern. Der Steinpilz stand ganz schief und seine Mütze war ihm tief in die Augen gerutscht. "Lieber Nachbar, soll ich dir vielleicht jetzt ein wenig Platz machen und zur Seite gehen?", fragte die Eiche.

"Ach nein", erwiderte der Steinpilz. "Mein Kopf ist mir heute so schwer und in den Ohren summt es wie in einem Bienenhaus". Und ehe noch die Sonne zur Ruhe ging, war er schon im Gras zusammengesunken. Die Eiche aber wuchs weiter wie in den Jahren vorher. Viele hundert Steinpilze kamen noch nach diesem, aber keiner wagte mehr, die Eiche von ihrem Platz vertreiben zu wollen.[7]

*Schlechtes Vorbild*

## DER KUCHEN

Es war einmal ein großer Geizkragen, der hatte einen einzigen Sohn, der noch jung war. Eines Tages ging der Vater aus, und der Sohn war alleine zu Hause. Auf einmal kamen ganz unangemeldet Gäste und der Sohn ließ sie herein.
Am Abend kam der Vater heim und der Sohn erzählte von dem Besuch. Der Vater fragte: 'was hast du ihnen denn angeboten?' Der Sohn erwiderte: 'ich habe einen Kuchen aufgezeichnet und sie dazu eingeladen'. Der Vater fragte ganz erregt: 'wie groß hast du den Kuchen gezeichnet?' Der Sohn beschrieb die Größe und der Vater sagte ärgerlich: 'hab ich dir nicht hundertmal gesagt, du sollst den Kuchen nicht so riesig zeichnen? Du bist ein großer Verschwender!'[8]

---

[7] Aus: Das Buch aus reinem Silber, Eine Märchenreise vom Amur bis zur Wolga, 1984; Erzählfassung: J.W.

[8] Aus W. Eberhard, Südchinesische Märchen, 1976, Erzählfassung: J.W.

## DER FROSCH UND DIE SCHILDKRÖTE[9]

Diese Geschichte wurde immer von Großmutter Left Hand Bull erzählt und stets sagte sie zu Anfang: „Ich wette mich euch, das ist die kürzeste Geschichte, die ihr je gehört habt! Also hört zu!

Drunten am See lebte einmal Keha, die Schildkröte. Sie war nicht allein, denn sie hatte einen guten Freund, der hieß Gnaske. Gnaske war ein Frosch und zusammen saßen sie meist auf einem großen Stein am Rande des Sees und schwatzten. Es war wie alle Tage als auf einmal der Himmel schwarz wurde und ein großes Gewitter hereinbrach. Die ersten Regentropfen fielen in den See. Keha, die Schildkröte, sah ängstlich zum Himmel empor und sagte zu ihrem Freund: ‚Du, Gnaske, ich möchte nicht nass werden. Ich erkälte mich dann immer so leicht.' ‚Recht hast du', erwiderte der Frosch, es tut nicht gut, nass zu werden. Wir wollen uns beeilen!' Und kaum hatte er das gesagt, da sprangen sie beide in das Wasser!"

---

[9] Die kürzeste Geschichte, die je erzählt worden ist aus F. Hetmann, Märchen der Sioux und Cheyenne, Frankfurt 1992, Erzählfassung: J.W.

## JIEDERDEWIEP – APERDEWAAP

Es war einmal ein geiziger Bauer. Der schaute sich immer die Schuhe an, die im Fenster eines Schuhmachers ausgestellt waren, kaufte aber nie welche. Der Schuhmacher war ein ganz Gewitzter, einer, der immer gerne etwas ausheckte. So dachte er sich: „Der Bauer will wohl gerne Schuhe haben, aber will sich nicht von seinem Geld trennen. Jedoch ich will dafür sorgen, dass er sie teuer bezahlt!" Und er rief den Bauern herein. „Tag Jan", sagte er, „wenn du willst, kannst du ein Paar Schuhe umsonst kriegen. Und du darfst dir sogar das schönste Paar aussuchen!" Das klang wunderbar in Jans Ohren. „Ja, wie denn das?" – „Du brauchst nichts weiter zu tun, als acht Tage lang den Mund zu halten. Und wenn du was gefragt wirst, darfst du nur Jiederdewiep und Aperdewaap antworten!" – „Wenn ich nur das zu tun brauche, dann bekomme ich sie wirklich billig!" sagte Jan und ging mit dem besten Paar Schuhe nach Hause.

Trees, seine Frau, schlug die Hände über dem Kopf zusammen. „Oh, Jan, wo hast du denn die schönen Schuhe her?" – „Jiederdewiep!" – „Was haben sie denn gekostet?" - „Aperdewaap!" sagte Jan. Trees konnte sagen und fragen, soviel sie wollte, der Bauer sagte nichts weiter als diese beiden Wörter. Da rief die Frau Nachbarn herbei. Es kamen dann auch einige, um nachzusehen, was los war, aber aus Jan war nichts anderes herauszukriegen als „Jiederdewiep" und „Aperdewaap". Ein Nachbar meinte, dass Trees den Doktor rufen sollte. Jan sei krank, daran sei nicht zu zweifeln! Der Doktor eilte herbei und fragte: „Was hast du, mein Freund?" „Jiederdewiep!", erklärte Jan. Der Arzt untersuchte ihn und sagte schließlich zu Trees: „Eine Krankheit kann ich hier nicht feststellen. Aber wenn ich dich wäre, dann würde ich schnell den Pastor rufen. Wer weiß, ob Jan nicht vom Teufel besessen ist!"

Trees lief sofort zum Pastor und der versprach, gleich am Nachmittag vorbeizukommen. Kurz nach zwölf traf er ein, zusammen mit dem Küster, der den Weihwasserkessel trug. Jan sagte jedoch wiederum nichts außer „Jiederdewiep" und „Aperewaap", wenn der Pastor ihn etwas fragte. „Ich glaube, es geht hier nicht mit rechten Dingen zu", sagte der Pastor. Und er begann Weihwasser zu verspritzen.

Wütend machte Jan mit hochgerissenen Armen eine Gebärde, die „Hinaus!" bedeuten sollte. Aber aus seinem Mund kamen wieder nur „Jiederdewiep" und „Aperdewaap! – „Der Teufel spricht aus ihm! Küster, gieß!" rief der Pastor. Und der Küster goss Jan den ganzen Eimer Weihwasser über den Kopf, sodass der völlig nass wurde.

Der Schuhmacher hörte das alles mit großem Vergnügen, dann ging er zu Jans Frau. Trees öffnete ihm die Tür. „Tag, Trees! Das ist mit deinem Mann ja wirklich eine schlimme Geschichte! Wenn du mir hundert Gulden gibst, werde ich Jan wieder gesund machen." – „Oh, wenn das nur möglich wäre!" seufzte Trees. Und sie gab ihm die hundert Gulden. „Lass mich nur fünf Minuten mit Jan alleine, und er wird wieder sprechen wie früher", sagte der Schuhmacher. Er ging zu Jan und sagte: „Nun, Jan, wie steht's?" – „Jiederdewiep!" – „Du hast wirklich durchgehalten, hör' ich." – „Aperdewaap!" - „Nun ja, lass es gut sein. Die Zeit ist zwar noch nicht ganz um, aber ich erlöse dich. Von jetzt ab darfst du wieder wie früher sprechen. Und die Schuhe gehören dir: Du hast sie dir wirklich verdient!" Und damit verabschiedete sich der der Schuhmacher eilig. Jan war mit sich sehr zufrieden und ging zu seiner Frau: „Siehst du, Trees, ich habe die Schuhe wirklich billig bekommen, denn ich hab' sie mir mit Nichtsprechen verdient." Und er erklärte ihr die Vereinbarung, die er mit dem Schuhmacher getroffen hatte.

„Was denn, was denn!" rief Trees ganz außer sich vor Wut. „Diesem schlauen Fuchs musste ich hundert Gulden geben, damit er dich heilte!" – „W a s hast du getan?" fragte Jan. Doch dann lachte er: „Dann haben wir meine neuen Schuhe zuletzt doch noch bezahlt!"[10]


*Kleinlich ist peinlich*

## DER BAUER UND DER KRÄMER

*E*in Bauer kam in den Laden eines Krämers. „Dort oben im Regal steht ganz links ein Glas mit Bonbons, könnten Sie mir dieses einmal herunterreichen?" sagte er zum Krämer. Der gab es ihm, und der Bauer roch daran. „Entschuldigung, nein, die

---

[10] Josh van Soer, Niederländische Märchen, Frankfurt 1988, Erzählfassung H.C. Heim.

nehme ich doch nicht, vielleicht das daneben." Der Krämer reichte es ihm. Der Bauer roch wieder daran, doch auch diese Bonbons behagten ihm nicht. „Zeigen Sie mir bitte jene dort!" rief er. Ärgerlich reichte ihm der Krämer die dritte Sorte. Doch deren Geruch behagte dem Bauern auch nicht. Er stellte sie auf den Tisch zurück und machte sich daran, den Laden zu verlassen. Da wurde der Krämer wütend über seine vergeudete Mühe und Zeit. „Halt!" rief er. „Sie müssen noch bezahlen!" „Wofür?" fragte der Bauer erstaunt. „Fürs Riechen!" antwortete der Krämer. Da kehrte der Bauer um, zog einige Geldstücke aus der Tasche, ließ sie über den Tisch klingeln und steckte sie dann ein. „Warum nehmen Sie sie wieder an sich?" rief der Krämer. „Was fragen Sie?" gab jener zurück. „Wie der Kauf, so die Bezahlung. Ich hab an den Bonbons gerochen, und Sie haben das Geld klingeln gehört, somit sind wir quitt."[11]

*Was wäre wenn …*

## DAS ROTE KLEID

Ein Mädchen ging einmal zum Markt und trug einen Krug Milch auf dem Kopfe. Der Weg war weit und so konnte sie sich unterwegs ausmalen, was sie

---

[11] Die Sonnenrose, Ukrainische Märchen, Berlin 1966. Erzählfassung: J.W.

von dem Geld kaufen wollte, das sie für die Milch bekäme.

„Ich könnte mir ja ein Huhn kaufen. Wenn ich das Huhn fleißig füttere, legt es Eier und dann kann es aus den Eiern Küken ausbrüten. Dann füttere ich die Küken fleißig und wenn sie groß sind, verkaufe ich sie mitsamt dem alten Huhn.

Dann habe ich so viel Geld, dass ich ein Mutterschaf kaufen kann! Hat das Schaf sein Lamm geworfen, dann verkaufe ich Schaf und Lamm. - Ja, und dann reicht das Geld für ein Kalb! Ist das Kalb dann eine große Kuh geworden, wird sie wieder ein Kalb bekommen. Und dann verkaufe ich Kuh und Kalb und erhalte dafür viel Geld!

Und dann habe ich endlich so viel Geld, dass ich mir ein rotes Kleid kaufen kann! Dann drehen sich alle Burschen nach mir um und sagen: ‚Das ist aber ein hübsches, ansehnliches Mädchen!' Und ich kann die Nase hoch tragen."

In diesem Augenblick kam dem Mädchen der Bürgermeister entgegen. Vor dem hatte sie Respekt! Sie vergaß ganz, dass sie ja einen Krug mit Milch auf dem Kopf trug und verneigte sich nach Landessitte vor ihm. Der Krug fiel zu Boden und die Milch floss aus. Da weinte das Mädchen bitterlich. „Warum weinst du so sehr?" fragte der Bürgermeister. „Ach, ich Unglückliche! Alles, was ich mir unterwegs angeschafft habe, ist nun in der Erde versickert. Über das meiste komme ich hinweg. Aber um das rote Kleid ist es wirklich schade!"[12]

---

[12] Eigene Erzählfassung eines Netzfundes ohne Quelle (H. C. Heim).

## DER WIEDERGEFUNDENE ZEHNTE

𝓔in Wanderer kam einmal im Wald zu einer Gruppe Männer aus Chelm, die beieinander- standen und sich immer wieder ratlos umschauten. „Fehlt euch etwas?", fragte er. „Ja, wir waren unser zehn, als wir heute Morgen auszogen. Nun haben wir einen Mann verloren und sind nur noch neun! Seht selbst!" Und einer begann zu zählen, vergaß jedoch, sich selbst mitzuzählen.

Inzwischen hatte der Wanderer die Männer still für sich gezählt und war sicher, dass es zehn waren. Er war ein Schelm und fragte: „Was zahlt ihr mir, wenn ich euch euren Zehnten wiederfinde? Dazu muss jeder aber einen Schlag aushalten." – „Dafür geben wir euch gerne jeder einen Taler und die Schläge sind uns gleich!" - „Gut, dann stellt euch in einer Reihe auf und zählt mit!" Er gab dem Ersten einen kräftigen Schlag auf den Rücken und sagte: „Eins!" Und so weiter, bis der Letzte seinen Schlag bekam und „zehn!" sagte. „Gott sei gelobt! Ihr habt uns unseren zehnten Mann wiedergefunden!" Die Chelmer zahlten und zogen fröhlich weiter.[13]

---

[13] Herkunft unbekannt, erzählt von H. C. Heim.

## HUNDERT WÖLFE

Ein Junge kam aus dem Wald und atmete schwer.

- „Ich hatte solche Angst!", rief er aus.
- „Was ist passiert?", fragten seine Freunde.
- „Da waren hundert Wölfe, die jagten mich kreuz und quer durch den Wald!"
- „Hundert Wölfe?"
- „Ihr glaubt es nicht? Na ja, vielleicht waren es auch nur fünfzig."
- „Aber es gibt nicht einmal fünfzig Wölfe im ganzen Wald."
- „Aber zwölf waren es mindestens."
- „Hör doch auf zu lügen!"
- „Aber es ist keine Lüge. Da war wirklich mindestens ein Wolf, der mich verfolgt hat!"
- „Wo hast du ihn denn gesehen?"
- „Im Wald, direkt hinter mir, da hörte ganz deutlich ein Rascheln."[14]

---

[14] Die Sonnenrose – ukrainische Märchen, 1966+1970. Eigene Fassung.

## DER FALSCHE KADI

In einem Dorf lebte einmal ein armer Mann. Eines Tages jedoch wendete sich sein Schicksal: er fand einen Krug voll Gold und beschloss, ihn gut zu verstecken. Doch wo sollte er ihn hin tun, damit auch wirklich niemand ihn finden könnte? Da er keinen passenden Ort fand, ging er zum Kadi. Der Richter war ein vertrauenswürdiger Mann, denn alle gehen zu unserem Kadi, um Rat einzuholen oder um ihn zu bitten, Streitigkeiten zu schlichten. Auch ich will zu ihm gehen und ihm mein Gold zur Aufbewahrung geben. Also ging er zum Kadi und stellte den Krug mit Gold auf den Tisch. Der Kadi sagte: „Stelle ihn dort auf das Bord." Er stellte den Krug auf das gezeigte Bord und ging heim.

Nach zwei, drei Monaten wollte der Arme sein Gold wiederhaben. Er ging also wieder zum Kadi und sagte: „Ich möchte mein Gold abholen."

„Der Krug steht an seinem Platz", entgegnete der Kadi. Der Arme nahm seinen Krug und kehrte heim. Dort öffnete er den Deckel und sah, dass im Krug statt des Goldes Honig war. Er beschloss, keinem davon zu erzählen, doch sein Gesicht verdüsterte sich. In der Nachbarschaft wohnte ein junger Geistlicher. Als er sah, dass der Arme so finster dreinblickte, fragte er, was geschehen sei. Der Arme erzählte: „Ich hatte einen Krug voller Gold. Den habe ich dem Kadi zur Aufbewahrung gegeben. Nun, als ich mir den Krug zurückgeholt habe, stellte sich heraus, dass sich das Gold in Honig verwandelt hat." Der Geistliche unterrichtete die zwei

Söhne des Kadi. Zum Armen aber sprach der Geistliche: „Besorge zwei Jungbären und bringe sie mir. Ich werde es mit dem Kadi aufnehmen." Der Arme ging in den Wald, fing zwei Jungbären und brachte sie dem Geistlichen. Der Geistliche richtete in seinem Haus ein Zimmer so her, wie es der Kadi hatte, zog sich einen vornehmen Mantel an, wie ihn der Kadi trug, und begann dreimal täglich - morgens, mittags und abends - die Bären vom Saum seines Gewandes zu füttern. Nach einiger Zeit gewöhnten sich die Jungbären daran, vom Saum des Mantels zu fressen.

Eines Tages nun entließ der Geistliche die Söhne des Kadi nicht nach Hause, sondern behielt sie bei sich. Als der Kadi merkte, dass die Söhne nicht heimkamen, ging er zum Geistlichen und fragte: „Wo sind meine Söhne?"
„Deine Söhne haben sich in Jungbären verwandelt", erwiderte der Geistliche. Diese Worte erzürnten den Kadi, und er sagte: „Was soll diese Rede? Wie können sich meine Söhne in Jungbären verwandeln?" Der Geistliche entgegnete: „Wenn du mir nicht glaubst, so setze dich in dieses Zimmer. Ich will die Bären hereinlassen. Wenn sie zu dir stürzen und sich im Saum deines Gewandes verkrallen, sind es deine Kinder, wenn sie das nicht tun, so sind es fremde." Der Kadi kam mit mehreren Leuten und setzte sich in das Zimmer des Geistlichen. In diesem Augenblick ließ der Geistliche die Jungbären in den Raum. Sie rannten sofort zum Kadi und packten den Saum seines Gewandes. Die Leute, die neben dem Kadi saßen und das sahen, blickten einander an und sprachen zum Kadi: „Kadi, der

47

Geistliche hat recht, deine Söhne haben sich in Jungbären verwandelt." Das erzürnte den Kadi noch
mehr, und er jagte alle aus dem Raum. Dann aber
sprach er zum Geistlichen: „Hör zu, frommer
Mann, das ist alles gut und schön. Aber es kann
nicht sein, dass sich Kinder in Jungbären verwandeln." Drauf erwiderte der Geistliche: „Kadi, wie
aber verhält es sich mit Gold im Krug? Kann sich
das in Honig verwandeln?" Der Kadi bat: „Guter
Mann, ich flehe dich an! Nimm zwei Krüge voll
Gold von mir, aber gib mir meine Söhne zurück."
Der Geistliche nahm vom Kadi zwei Krüge voll
Gold, gab einen dem Armen und behielt den anderen. Dann ließ er die Söhne des Kadi frei.[15]

*Ein Gaunertrick als Probestück*

## DER VERWÜNSCHTE ESEL

Es war einmal ein junger Taugenichts, der hatte allerlei Teufeleien im Sinn und hatte sein Leben noch
nichts Vernünftiges getan, was alle Rechtschaffenen
verdross. Zuletzt durfte er sich unter den ehrlichen
Leuten nicht mehr sehen lassen.
Da lief er in den Wald zu einer Räuberbande und
sagte, er hätte auch ihren Beruf, sie sollten ihn bei
sich aufnehmen. Sie sagten: „Gut, aber mache erst
dein Probestück."

---

[15] Der geizige Kadi, aus G. G. Gamsatow, Die verwechselten
Beine und andere Märchen aus Dagestan, Berlin 1983, Erzählfassung J. W.

Da kam just ein Bauer durch das Holz gelaufen, der zog einen Esel hinter sich her. Die Räuber sagten: „Geh hin und nimm dem Bauer den Esel weg, ohne dass er davon etwas merkt." Da schlich der Taugenichts hinter dem Bauer her, streifte dem Esel den Halfterzaum vom Kopf, tat ihn sich selbst um und ließ den Esel ins Holz laufen, wo ihn die Räuber fingen. Der Bauer hatte nichts bemerkt. Er schritt immer weiter durch das Holz und der Dieb an dem Eselstrick hinter ihm her.

Als der Dieb aber müde wurde, blieb er stehen und sagte: „Ach, lieber Herr, schenkt mir die Freiheit!" Da sah sich der Bauer um und erschrak gewaltig, als er sah, dass er einen Menschen am Zaum hatte. „Herrje", rief er, „ich meinte, du wärst ein Esel. Wie kommt es, dass du auf einmal ein Mensch bist?"

„Ach Herr", klagte der Dieb, „als ich ein kleiner Junge war, hab ich nichts Gutes getan und immer nur Karten gespielt. Da hat mich meine Mutter auf sieben Jahre in einen Esel verwünscht. Schenkt mir doch die Freiheit!"

Da sagte der Bauer: „Was soll ich mit dir machen? Ich kann dich ja doch nicht als Esel gebrauchen." So ließ er ihn gehen. Der Dieb lief zurück zu den anderen Spitzbuben und fragte er: „Und? Habe ich mein Probestück gut gemacht?" Sie sagten: „Ja, du musst aber morgen auf den Markt, um den Esel zu verkaufen."

Der Bauer aber ging nach Hause und sagte zu seiner Frau: „Denk nur, unser Esel ist unterwegs zu einem Menschen geworden, denn seine Zeit war um." „Hab ich dir nicht immer gesagt", wetterte die Frau, „unser Esel wäre so klug, er hätte mehr

Verstand als mancher Mensch? Nun musst du morgen auf den Markt, um einen neuen zu kaufen. Aber nimm dich in Acht, dass es dir nicht wieder so geht."

Am nächsten Morgen ging der Bauer auf den Markt, um einen neuen Esel zu kaufen. Da standen viele Esel in einer Reihe und wie er genau hinsah, war auch sein alter Esel darunter. Der Bauer schmunzelte und dachte: ‚Mit dem wird heute wieder einer betrogen.'

Er zeigte auf den Esel und rief: „Wer den kennt, der kauft ihn nicht. Mehr will ich nicht sagen." Damit gab er dem Esel eins über den Rücken und raunte ihm ins Ohr: „Sag, hast du wieder Karten gespielt? Mich täuschst Du nicht noch einmal!"[16]

## IV   Wege ins Leben – Jugend und Aufbruch

*Die goldene Gans ist ein Symbol für die Erfüllung, die man im Leben finden kann. Es ist ein Märchen des Suchweges eines Jungen, der wenig geachtet, aber aufrecht und offenen Herzens seinen Weg geht. Ihm kann – wie der Goldmarie im Hollemärchen – das Gold und Glück des Lebens zufallen. Wer es aber unbedingt haben will, klebt daran fest und hat nichts davon.*

---

[16] Karl Simrock, Deutsche Märchen, 1864.

# DIE GOLDENE GANS

Es war ein Mann, der hatte drei Söhne, davon hieß der jüngste das Aschenkind und wurde als Tölpel verachtet und verspottet und bei jeder Gelegenheit zurückgesetzt. Es geschah, dass der älteste in den Wald gehen wollte, Holz hauen, und eh' er ging, gab ihm noch seine Mutter einen schönen feinen Eierkuchen und eine Flasche Wein mit, damit er nicht Hunger und Durst litte. Als er in den Wald kam, begegnete ihm ein altes, graues Männlein, das bot ihm einen guten Tag und sprach: "Gib mir doch ein Stück Kuchen aus deiner Tasche und lass mich einen Schluck von deinem Wein trinken! Ich bin so hungrig und durstig." Der kluge Sohn aber antwortete: "Geb ich dir meinen Kuchen und meinen Wein, so hab ich selber nichts, pack dich deiner Wege!" ließ das Männlein stehen und ging fort. Als er nun anfing, einen Baum zu behauen, dauerte es nicht lange, so hieb er fehl, und die Axt fuhr ihm in den Arm, dass er musste heimgehen und sich verbinden lassen. Das war aber von dem grauen Männchen gekommen.

Darauf ging der zweite Sohn in den Wald, und die Mutter gab ihm, wie dem ältesten, einen Eierkuchen und eine Flasche Wein. Dem begegnete gleichfalls das alte, graue Männchen und hielt um ein Stückchen Kuchen und einen Trunk Wein an. Aber der zweite Sohn sprach auch ganz verständig: "Was ich dir gebe, das geht mir selber ab, pack dich deiner Wege!" ließ das Männlein stehen und ging fort. Die Strafe blieb nicht aus, als er ein paar Hiebe am Baum getan, hieb er sich ins Bein, dass er musste nach Haus getragen werden.

Da sagte der Tölpel: "Vater, lass mich einmal hinausgehen und Holz hauen!" Antwortete der Vater: "Deine Brüder haben sich Schaden dabei getan, lass dich davon, du verstehst nichts davon." Der Tölpel aber bat so lange, bis er endlich sagte: "Geh nur hin, durch Schaden wirst du klug werden." Die Mutter gab ihm einen Kuchen, der war mit Wasser in der Asche gebacken, und dazu eine Flasche saures Bier. Als er in den Wald kam, begegnete ihm gleichfalls das alte, graue Männchen, grüßte ihn und sprach: "Gib mir ein Stück von deinem Kuchen und einen Trunk aus deiner Flasche, ich bin so hungrig und durstig." Antwortet das Aschenkind: "Ich habe nur Aschenkuchen und saures Bier, wenn dir das recht ist, so wollen wir uns setzen und essen." Da setzten sie sich, und als das Aschenkind seinen Aschenkuchen herausholte, so war's ein feiner Eierkuchen, und das saure Bier war ein guter Wein. Nun aßen und tranken sie, und danach sprach das Männlein: "Weil du ein gutes Herz hast und von dem deinigen gerne mitteilst, so will ich dir Glück bescheren. Dort steht ein alter Baum, den hau ab, so wirst du in den Wurzeln etwas finden." Darauf nahm das Männlein Abschied.

Das Aschenkind ging hin und hieb den Baum um, und wie er fiel, saß in den Wurzeln eine Gans, die hatte Federn von reinem Gold. Er hob sie heraus, nahm sie mit sich und ging in ein Wirtshaus, da wollte er übernachten. Der Wirt hatte aber drei Töchter, die sahen die Gans, waren neugierig, was das für ein wunderlicher Vogel wäre, und hätten gar gern eine von seinen goldenen Federn gehabt.

Die älteste dachte: Es wird sich schon eine Gelegenheit finden, wo ich mir eine Feder ausziehen kann. Und als das Aschenkind einmal hinausgegangen war, fasste sie die Gans beim Flügel aber Finger und Hand blieben ihr daran fest hängen. Bald hernach kam die zweite und hatte keinen andern Gedanken, als sich eine goldene Feder zu holen, kaum aber hatte sie ihre Schwester angerührt, so blieb sie fest hängen. Endlich kam auch die dritte in der gleichen Absicht. Da schrien die andern: "Bleib weg, um Himmels Willen bleib weg!" Aber sie begriff nicht, warum sie wegbleiben sollte, dachte: Sind die dabei so kann ich auch dabei sein und sprang hinzu, und wie sie ihre Schwester angerührt hatte, so blieb sie an ihr hängen. So mussten sie die Nacht bei der Gans zubringen.

Am anderen Morgen nahm das Aschenkind die Gans in den Arm, ging fort und kümmerte sich nicht um die drei Mädchen, die daran hingen. Sie mussten immer hinter ihm drein laufen, links und rechts, wie's ihm in die Beine kam. Mitten auf dem Felde begegnete ihnen der Pfarrer, und als er den Aufzug sah, sprach er: "Schämt euch, ihr garstigen Mädchen, was lauft ihr dem jungen Bursch durchs Feld nach, schickt sich das?" Damit fasste er die jüngste an der Hand und wollte sie zurückziehen, wie er sie aber anrührte, blieb er gleichfalls hängen und musste selber hinterdreinlaufen. Nicht lange, so kam der Küster daher und sah den Herrn Pfarrer, der drei Mädchen auf dem Fuß folgte. Da verwunderte er sich und rief: "Ei, Herr Pfarrer, wohinaus so geschwind? Vergesst nicht, dass wir heute noch eine Kindtaufe haben." Lief auf ihn zu und fasste ihn am Ärmel, blieb aber auch fest hängen. Wie die fünf so hintereinander her trabten, kamen zwei Bauern mit ihren Hacken vom Felde. Da rief der Pfarrer sie an und bat, sie möchten ihn und den Küster losmachen. Kaum aber hatten sie den Küster angerührt, so blieben sie hängen, und waren ihrer nun siebene, die dem Aschenkind mit der Gans nachliefen.

Er kam darauf in eine Stadt; da herrschte ein König, der hatte eine Tochter, die war so ernsthaft, dass sie niemand zum Lachen bringen konnte. Darum hatte er ein Gesetz gegeben, wer sie könnte zum Lachen bringen, der sollte sie heiraten. Der Aschenjunge, als er das hörte, ging mit seiner Gans und ihrem Anhang vor die Königstochter, und als diese die sieben Menschen immer hintereinander herlaufen sah, fing sie überlaut an zu lachen und wollte gar nicht wieder aufhören.

Da verlangte sie den Aschenjungen zur Braut, aber dem König gefiel der Schwiegersohn nicht, er machte allerlei Einwendungen und sagte, er müsste ihm erst einen Mann bringen, der einen Keller voll Wein austrinken könne. Der Aschenjunge dachte an das graue Männchen, das könnte ihm wohl helfen, ging hinaus in den Wald, und auf der Stelle, wo er den Baum abgehauen hatte, sah er einen Mann sitzen, der machte ein ganz betrübtes Gesicht. Der Aschenjunge fragte, was er sich so sehr zu Herzen nähme. Da antwortete er: "Ich habe so großen Durst und kann ihn nicht löschen, das kalte Wasser vertrage ich nicht, ein Fass Wein habe ich zwar ausgeleert, aber was ist ein Tropfen auf einen heißen Stein?" - "Da kann ich dir helfen", sagte der Aschenjunge, "komm nur mit mir, du sollst satt haben!" Er führte ihn darauf in des Königs Keller, und der Mann machte sich über die großen Fässer, trank und trank, dass ihm die Hüften weh taten, und ehe ein Tag herum war, hatte er den ganzen Keller ausgetrunken.

Der Aschenjunge verlangte abermals seine Braut, der König aber ärgerte sich, dass ein schlechter Bursch, den jedermann ein Aschenkind nannte, seine Tochter davontragen sollte, und machte neue Bedingungen: Er müsste erst einen Mann schaffen, der einen Berg voll Brot aufessen könnte. Der Aschenjunge besann sich nicht lange, sondern ging gleich hinaus in den Wald. Da saß auf demselben Platz ein Mann, der schnürte sich den Leib mit einem Riemen zusammen, machte ein grämliches Gesicht und sagte: "Ich habe einen ganzen Backofen voll Raspelbrot gegessen, aber was hilft das, wenn man so großen Hunger hat wie ich. Mein Magen bleibt leer, und ich muss ihn zuschnüren, wenn ich nicht Hungers sterben soll." Der Aschenjunge war froh darüber und sprach: "Mach dich auf und geh mit mir, du sollst dich satt essen!" Er führte ihn an den Hof des Königs, der hatte alles Mehl aus dem ganzen Reich zusammenfahren und einen ungeheuren Berg davon bauen lassen; der Mann aber aus dem Walde stellte sich davor, fing an zu essen, und in einem Tag war der ganze Berg verschwunden. Der Aschenjunge forderte zum dritten Mal seine Braut. Der König aber suchte noch einmal Ausflucht und verlangte ein Schiff, das zu Land und zu Wasser fahren könnt. "Sowie du aber damit angesegelt kommst", sagte er, "sollst du gleich meine Tochter zur Gemahlin haben." Der Aschenjunge ging geraden Weges in den Wald, da saß das alte, graue

Männchen, dem er seinen Kuchen gegeben hatte, und sagte: "Ich habe für dich getrunken und gegessen, ich will dir auch das Schiff geben; das alles tu ich, weil du barmherzig gegen mich gewesen bist" Da gab er ihm das Schiff, das zu Land und zu Wasser fuhr, und als der König das sah, konnte er ihm seine Tochter nicht länger vorenthalten. Die Hochzeit ward gefeiert; nach des Königs Tod erbte der Aschenjunge das Reich und lebte lange Zeit vergnügt mit seiner Gemahlin.[17]

*Auch Märchenheldinnen gehen auf lange Suchwanderungen in „Die Sieben Raben" (KHM 25) oder „Die schöne Wassilissa". Sie können ein ‚Aschenputtel' sein oder eine ‚Marie', sie können aber auch visionär und beharrlich sein wie die Ose Gänsemagd.*

## KLEINE OSE GÄNSEMAGD

Am Hof eines Königs war ein Mädchen, das die Gänse hütete, das hieß Ose Gänsemagd. Nun lebte dort ein Königsohn, der sollte heiraten und schickte Maler in alle Länder, welche die schönsten Prinzessinnen abbilden sollten. Unter denen wollte der Prinz sich eine auswählen, doch rein und keusch sollte sie sein. Von einem Bild war er so entzückt, dass er zu dieser Prinzessin reisen und sich mit ihr

---

[17] Brüder Grimm KHM 64, leicht bearbeitet. Das Aschenkind heißt bei Grimm der ‚Dummling'. Er ist das männliche Pendant zum benachteiligten und drangsalierten Mädchen ‚Aschenputtel'.

vermählen wollte. Da setzte sich Ose ihm in den Weg. „Sitzest du hier, du kleine Ose?" sagte der Königsohn. – „Ja, ich sitze hier und setze Lappen an Lappen und Flicken an Flicken, denn ich erwarte den Königsohn von England!" – „Du wartest vergeblich, ihn zu bekommen!" - „Ja, wenn ich ihn haben soll, so werde ich ihn dennoch bekommen!"

Aber der Prinz besaß einen Stein, der um alle Dinge wusste. Den wollte er vor sein Bett legen. Und als nun die Prinzessin ankam, sagte Ose Gänsemagd zu ihr, ob sie wohl einen Liebsten vorher gehabt hätte, so möge sie nicht über den Stein steigen, „denn der sagt ihm alles von dir." Da bekam die Prinzessin Kummer, doch sie bat Ose, an ihrer Stelle sich mit dem Prinzen am Abend niederzulegen, und wenn er schliefe, wollten sie wieder tauschen. So machten sie es. Als Ose Gänsemagd auf den Stein trat, fragte der Prinz: „Wer ist es, der in mein Bett steigt?" – „Eine reine und keusche Jungfrau", sagte der Stein und so schliefen sie ein. In der Nacht kam die Prinzessin und legte sich an Oses Platz. Aber am Morgen, als sie aufstehen wollte, fragte der Prinz den Stein wieder: „Wer ist es, der aus meinem Bett steigt?" – „Eine, die drei Liebsten hatte", sagte der Stein. Da sandte der Prinz sie wieder heim und wählte sich aus den Bildern eine andere Liebste. - Als er die besuchen wollte, hatte sich Ose Gänsemagd ihm wieder in den Weg gesetzt. „Sitzest du hier, du kleine Ose?" – „Ja, ich sitze hier und setze Flicken an Flicken und Lappen an Lappen, denn heute erwarte ich den Königsohn von England." – „Ach, du wartest vergeblich, ihn zu bekommen!" - „Ja, wenn ich ihn haben soll, so werde ich ihn dennoch bekommen!" Aber auch der nächsten

Prinzessin erging es genauso wie der ersten. Wieder ging Ose an ihrer Stelle, doch, am Morgen sagte der Stein, dass sie sechs Liebsten gehabt hätte.

Da schaute der Prinz noch einmal alle Bilder der Prinzessinnen an und eine sah so rein und keusch aus. Als er zu ihr reiten wollte, hatte sich Ose Gänsemagd ihm wieder in den Weg gesetzt. „Sitzest du hier, du kleine Ose?" - „Ja, ich sitze hier und setze Flicken an Flicken und Lappen an Lappen, denn ich erwarte den Königsohn von England!" - „Warte nicht mehr darauf, ihn zu bekommen!" - „Aber ja, wenn ich ihn haben soll, so werde ich ihn dennoch bekommen!" - Als nun die dritte Prinzessin kam, sagte Ose Gänsemagd zu ihr dasselbe und auch diese Prinzessin bat Ose darum, an ihrer Stelle zu gehen. Als Ose Gänsemagd den Stein betrat, fragte der Prinz: „Wer ist es, der in mein Bett steigt?" – „Eine reine und keusche Jungfrau!", sagte der Stein. Da streifte der Prinz seinen Ring an Oses Finger, den konnte nur er selbst abstreifen, denn er wollte die rechte wieder erkennen. Als er schlief, kam die Prinzessin und jagte Ose den Gänsepfad hinab. Als der Prinz am Morgen den Stein fragte, sagte der, dass sie neun Liebsten gehabt hätte. Da wurde der Prinz zornig und jagte auch sie fort.

Dann fragte der Prinz den Stein, wie das zusammenhinge mit diesen Prinzessinnen, er könne das durchaus nicht durchschauen. Da erzählte ihm der Stein, dass sie ihn genarrt und immer Ose Gänsemagd an ihrer Stelle geschickt hätten.

Der ging der Prinz hinunter zu ihr, denn er wollte sehen, ob sie den Ring hätte. "Hat sie ihn, so wäre es wohl das Beste, sie zur Königin zu nehmen", dachte er. Ose hatte einen Lappen um einen Finger gebunden, und obgleich sie diesen festhiel, zog er ihn doch ab und da fand er seinen Ring wieder. Da nahm er Ose mit sich, gab ihr prächtige Kleider und kostbaren Schmuck und darauf feierten sie Hochzeit. - So bekam Ose Gänsemagd dennoch den Königsohn, nur weil sie ihn eben bekommen sollte.[18]

*Dass Mädchen Dinge vollbringen können, an denen die jungen Männer scheitern, erzählen Märchen wie „Die Königstochter, die auszog, 7 Prinzen zu erlösen" oder auch dieses russische Märchen.*

## DAS KLUGE MÄDCHEN WIRD ZARIN

Einmal gab ein Zar den Befehl: Wer den und den Stein schlachtet, dass das Blut davon fließt, den will ich zum Ersten meines Reiches machen.

Von allen Seiten kamen wackere Burschen herbei, aber keiner konnte den Stein schlachten; sie fanden es nur wunderlich, wie man überhaupt einen Stein schlachten könne. In einem Dorfe gab es ein sehr wackeres Mädchen, sie hütete die Schafe. Als sie davon hörte, verkleidete sie sich als Mann, ging zum Zaren und sagte zu ihm: "O Zar, ich kann den Stein schlachten." Überallhin ging das Gerücht, es habe sich ein Mensch gefunden, den Stein zu schlachten, und zahllose Leute sammelten sich, um zu sehen, wie der das machen wird.

---

[18] K. Wolf-Feurer, Das blaue Band, Stuttgart 1971, Erzählfassung: H.C. Heim.

Als der Tag kam, an dem das Mädchen den Stein schlachten sollte, zogen der Zar und alle Vornehmen aus der Stadt auf einen freien Platz, und dort vor aller Augen sollte das Mädchen ihn schlachten. Das Mädchen zog das Messer, um den Stein zu schlachten, wandte sich zum Zaren und sagte: "Zar, du willst doch, dass ich den Stein schlachten soll. So gib ihm vorher eine Seele, und wenn ich ihn dann nicht schlachte, nimm meinen Kopf."

Der Zar wunderte sich über diese Antwort und sagte: "Du bist der Klügste in meinem Reiche, und ich will dich zum vornehmsten Manne machen; wenn du mir aber noch das vollbringst, was ich dir sagen werde, so sollst du mir wie ein Sohn sein." Das Mädchen sprach: "Sage, Zar, was du sagen willst, und wenn es möglich ist, will ich mich bemühen, es zu vollbringen." Der Zar sagte ihr: "Von jetzt an in drei Tagen sollst du wieder vom Dorfe hierher kommen. Wenn du kommst, sollst du reiten und nicht reiten, sollst mir ein Geschenk bringen und nicht bringen; alle, groß und klein, wollen wir herauskommen und dich empfangen, und du sollst die Leute dahin bringen, dass sie dich empfangen und nicht empfangen."

Die Hirtin ging nun in ihr Dorf und gab den Bauern den Auftrag, drei oder vier Hasen und zwei Tauben lebendig zu fangen. Die Bauern taten das.

Am dritten Tag, als sie zu dem Zaren gehen sollte, steckte sie die Hasen je einen in einen Sack, gab sie den Bauern zu tragen und sagte: "Wenn ich euch sage, ihr sollt sie loslassen, dann lasst sie los." Sie selbst nahm die beiden Tauben, setzte sich rittlings auf eine Ziege und machte sich auf zu dem Zaren;

einige Leute hatte sie vorausgeschickt, ihm anzuzeigen, dass sie komme.

Als der Zar das hörte, zog er aus der Stadt, sie zu empfangen mit allen Vornehmen und zahllosen Stadtleuten. Als nun das Mädchen nicht mehr weit von dem Zaren war, sah sie die Menge Menschen, die herausgekommen waren, sie zu empfangen, und als sie ihnen nahekam, befahl sie den Bauern, vor den Augen der Leute die Hasen loszulassen. Sobald die das sahen, rannten sie fort, die Hasen zu fangen.

Die Hirtin, die rittlings auf der Ziege saß, ging bald zu Fuß, die Ziege zwischen den Beinen, bald hob sie die Füße auf und ritt auf der Ziege.

Als sie zu dem Zaren hintrat, zog sie die beiden Tauben aus dem Busen und reichte sie ihm hin. In dem Augenblick, wo er die Hand ausstreckte, die Tauben zu nehmen, ließ sie sie aus der Hand, und die Tauben flogen weg.

Da sagte die Hirtin zu dem Zaren: "Du siehst, Zar, die Leute haben mich empfangen und nicht empfangen; ich bin geritten und nicht geritten; ich habe dir ein Geschenk gebracht und nicht gebracht." Da sagte ihr der Zar: "Von heute an sollst du mir wie ein Sohn sein." Sie aber flüsterte ihm ins Ohr: "Ich bin kein Bursche, ich bin ein Mädchen." Der Zar, der nicht verheiratet war, nahm sie zur Frau. Und so wurde die Hirtin durch ihre Klugheit Zarin.[19]

---

[19] A. Leskien, Balkanmärchen aus Bulgarien, Jena, 1919, geringfügig bearbeitet von Karin Biela.

*Soll man lieber seiner Sehnsucht folgen und dem, wo-
von man schon lange träumt, oder doch lieber auf dem
Boden bleiben und sich an das halten, was die anderen
sagen und tun? Das ist eine offene Frage – und das
amerikanische Märchen gibt sie uns lächelnd zurück.*

## DER TRAUM DES KOJOTEN

Ein Kojote verbrachte nachts viel Zeit damit, auf
dem Boden zu hocken und in den Himmel zu
schauen. Dabei sah er einen Stern, hell und leuchtend, strahlend und schön. Und dieser Stern wandelte nicht nur still wie die anderen über den Himmel, nein, er tanzte in einer Nacht leicht und anmu-
tig vom Osten nach Westen über den ganzen Himmel. Das konnte nur ein Sternenmädchen sein und
Kojote verliebte sich in sie. Nacht für Nacht blieb er
nun wach, heulte, seufzte, stöhnte und sehnte sich
danach, mit ihr über den Himmel zu tanzen.
Endlich bemerkte Kojote, dass dieser Stern immer
nahe beim Gipfel eins Berges im Osten erschien und
er beschloss, dorthin zu laufen. Diese Sternenschönheit wollte er fragen, ob sie mit ihm tanzen wolle.
Kojote brauchte lange, bis er den Berg erreichte und
noch länger, bis er seinen Gipfel erstiegen hatte.
Doch wahrhaftig, als die Dunkelheit kam, erschien
dort jenes Sternenmädchen! „Sternenschönheit,
bitte, lass mich mit dir tanzen! Nacht für Nacht habe
ich dir zugeschaut, wie du über den Himmel tan-
zest. Für mich bist du das schönste und anmutigste
Sternenmädchen am ganzen Himmel!" rief Kojote
laut. Da bückte sich das Sternenmädchen, streckte
Kojote die Hand entgegen und nun tanzten die beiden über den Himmel. Kojote hob seine Beine,

drehte sich, wirbelte herum und wiegte sich im Tanz. Welches Glück war dies alles doch! Alle seine Träume wurden nun wahr.

Jedoch nach einem Viertel des Weges war Kojote schweißnass, er zitterte, keuchte und heulte. Doch er wollte unbedingt den ganzen Weg weiter mittanzen! Aber als sie beide den höchsten Punkt des Firmaments erreicht hatten, war Kojote völlig erschöpft. Er konnte seine Beine nicht mehr heben und seinen Kopf nicht mehr aufrecht halten. Das Schlimmste aber war, dass er keine Kraft mehr hatte, die Hand des Sternenmädchens festzuhalten. Er fiel und fiel durch den weiten Himmel, schnell und immer schneller. So schnell, dass er in einem einzigen Blitz aus weißem Licht verglühte.

Die anderen Tiere sahen diesen weißen Blitz und schauten hoch. Einige sagten: „Dieser verrückte Kojote! Wie konnte der sich nur einbilden, mit einem Stern tanzen zu können! Nun bekam er, was er verdiente! Warum ist er nicht auf der Erde geblieben, wo er doch hingehörte!" – Andere aber widersprachen. „Nein, Kojote war nicht verrückt! Er folgte nur seinem Herzenswunsch. Es war bestimmt besser für ihn, mit dem Sternenmädchen, das er liebte, über den halben Himmel zu tanzen und dann auf die Erde zu fallen, als wenn er auf dem Boden geblieben wäre, wo er immer nur geheult, gestöhnt und sich nach ihr gesehnt hätte. – Und überhaupt, war das nicht ein wunderschönes Licht, als er fiel?"

Und du, wenn du in einer klaren, kalten Nacht den Himmel betrachtest und eine Sternschnuppe verglühen siehst, denke über den Kojoten nach. Und was meinst du dann selbst: War Kojote verrückt oder war er ein Held, als er versuchte, mit einem Stern zu tanzen?[20]

*So wie man in die Welt anschaut, so schaut sie uns wieder an*

## DER TEMPEL DER TAUSEND SPIEGEL

*E*s war einmal ein Hund, der hatte gehört, es gäbe einen Tempel der tausend Spiegel, in dem könnte jeder die Wahrheit erfahren über sich selbst und über die Welt. Er wusste nicht, was ein Spiegel ist und wie er wirkt, aber er wollte erfahren, wie denn die Welt beschaffen sei. Also machte er sich auf und nach langem Suchen fand er diesen Tempel.

Er war ein ängstlicher Hund, also zeigte er die Zähne, als er den Tempel betrat – und um ihn herum fletschten unzählige Hunde die Zähne. Er bekam Angst und fing an, nach ihnen zu schnappen - und überall schnappten Hunde nach ihm. Zuletzt bekam er so viel Angst, dass er anfing im Kreis herumzurennen – und überall jagten ihm Hunde nach. Endlich lief er aus dem Tempel hinaus und bellte: „Nun weiß ich es gewiss: die Welt ist voller zorniger Hunde!"

Es gab einen anderen Hund. Auch er hatte von dem Tempel der tausend Spiegel gehört und auch er

---

[20] J. Hayes, The wise, little Burro, New Mexiko 1991, übersetzt von Susanne Christian. Erzählfassung: H.C. Heim.

wollte die Wahrheit erfahren über sich selbst und über die Welt. Er war ein freundlicher Hund. Und deshalb wedelte er mit dem Schwanz, als er den Tempel betrat – und um ihn herum begrüßten ihn viele Hunde mit Schwanzwedeln. Unser Hund freute sich und sprang lustig in die Höhe - und überall hüpften Hunde vor Freude in die Höhe. Zuletzt wälzte er sich voll Freude auf dem Rücken hin und her – und überall wälzten sich Hund voll Freude auf dem Rücken. Zuletzt lief der Hund tief befriedigt zum Tempel hinaus und bellte: „Nun weiß ich es gewiss: die Welt ist voller freundlicher Hunde!"[21]

*Berufen*

## DIE GÖTTER GEHEN SPAZIEREN

Der Vater des ersten Kaisers der Ming-Dynastie war ein armer Bauer, der nicht wusste, wie er seine Familie ernähren sollte. Deshalb gab er seinen Sohn Tschu in ein Kloster, wo dieser lauter niedere Arbeiten verrichten musste. Eines Tages befahl ihm der Abt, die Tempelhalle zu fegen. Dort standen viele Götterstatuen, manche aus Holz, andere aus gebranntem Ton.

„Gib acht beim Fegen, dass du die Götter nicht beschädigst!", mahnte der Abt. „Fege vorsichtig um die Standbilder herum und rücke sie ja nicht von

---

[21] Dies erzählte mir ein alter Yogalehrer, der lange in Indien gelebt hatte. Erzählfassung: H.C. Heim.

ihrem Platz! Zu leicht könnte da ein Finger abbrechen oder ein Kopf auf den harten Boden fallen!"

„Wer sind die Götter?", fragte Tschu. „Bitte sagt es mir, verehrter Meister, damit ich keinen Fehler mache, wenn ich mit ihnen spreche."

„Dummkopf", schalt ihn der Abt, „wie willst du Flegel mit den Göttern reden?"

„Ich möchte es versuchen", beharrte Tschu. „Von den Göttern im Tempelsaal kenne ich zwar nur den Hagelgott, aber der war immer freundlich zu mir. So werden mich auch die übrigen gelten lassen."

„Gut", gab der Abt nach, „lass es aber nicht an Ehrerbietung fehlen! Der ganz Große in der Mitte ist der Himmelsherr. Vor ihm stehen die Mondgeister, rechts von ihm der Kriegsgott, der Gott des Feuers und der des Reichtums. An seiner linken Seite findest du den Gelben Alten, der in der Welt umhergeht, um allerlei Not zu lindern."

„Halt", rief Tschu. „Das muss ich wissen: wie soll ich ihn grüßen, damit er meine Bitte anhört?"

„Verneige dich ganz zur Erde und berühre mit der Stirn den Boden. Sag, dass du unwürdig bist und dann trag dein Anliegen vor. Außer dem Gelben Alten wirst du noch die Königinmutter des Westens sehen, die den Reigen der Feen anführt. Auch die acht Unsterblichen sind da. Sieh zu, dass du keinen der Götter und Unsterblichen anrempelst und nicht respektlos mit dem Besen rumfuchtelst!"

Damit beendete der Abt seine Unterweisung und Tschu versprach, alles aufs Beste zu verrichten. Er holte einen Besen und ging zur Tempelhalle. Aber als er eintrat, erschrak er. Da standen so viele Götter und Unsterbliche, dass er nicht wusste, wie er die Halle sauber bekommen sollte. So ging er zum

Gelben Alten, warf sich vor ihm nieder, berührte den Boden mit der Stirn und rief: „Ich bin es nicht wert, Euch anzurufen, aber hört mich an!" Der Gelbe Alte lächelte: „Kennst du mich, Söhnchen?" „Ich kenne Euch", sagte Tschu, „Ihr seid der Herrscher der Erde und helft denen, die in Not sind. Ich bitte Euch gütigst, wollt ihr nicht mit den andern Göttern einen Spaziergang im Hof machen, während ich die Halle fege?"

„Genehmigt!", rief der Gelbe Alte laut. „Genehmigt!", riefen auch die Götter. „Wir gehen schon mal voraus", ließen sich die Unsterblichen vernehmen. „Lasst uns den Vortritt", baten die Feen. Sie verneigten sich vor Tschu, der nur so staunte und sagten mit lieblicher Stimme: „Glaubt nicht, dass Ihr unwert seid. Ihr seid höchster Ehren wert. Das wird sich noch zeigen!"

Die Götter nickten, die Unsterblichen hoben den rechten Daumen und grüßten Tschu im Vorbeigehen. Nach kurzer Zeit war die Tempelhalle leer und Tschu begann zu fegen. Es ging wunderbar und er konnte mit dem Besen in die verborgensten Ecken gelangen. Zwischendurch sah er durch die offenstehende Tür in den Hof und sah die Götter beisammen stehen und eifrig reden.

Tschu war gerade fertig geworden, da kam der Abt aus den Gemächern in die leere Halle und sah Tschu auf seinen Besen gestützt dastehen. "Wo, wohin hast du unsere verehrten Götter getan", rief er aufgebracht. Du Bengel, ich werde dich bestrafen, du nichtsnutziger Mensch!"

„Ich habe die Götter gebeten, einen Rundgang im Hof zu machen", sagte Tschu, „dahin sind sie gegangen."

„Lügenbeutel", schimpfte der Abt, „erzähl mir keine Geschichten!"

„Ich sage die Wahrheit, verteidigte sich Tschu. Er trat unter die Tür und sagte laut: „Bitte kommt wieder herein, ihr Götter!"

„Wir kommen", sagten die Götter, „der Spaziergang hat uns gut getan."

Da merkte der Abt, dass Tschu kein gewöhnlicher Mensch war. Er bereute, ihn einen Flegel und Lügner genannt zu haben und behandelte ihn von da an achtungsvoll.

Diese Geschichte wurde bekannt, nachdem Tschu den Thron bestiegen hatte und der erste Kaiser der Ming-Dynastie wurde. „So geht's", sagten die Leute, „er war schon immer mit den Göttern gut bekannt. Mit ihrer Hilfe hat er die Mongolen vertrieben und jetzt ist er Kaiser geworden. Wer sich mit dem Gelben Alten gut versteht, der kann es zu was bringen!"[22]

---

[22] Fritz Mühlenweg, Das Schloss des Drachenkönigs, Chinesische Märchen, Freiburg 1961. Erzählfassung: J. Wagner.

*Wer anderen helfen will, muss manchmal zu besonderen Mitteln greifen*

## VOM LAMA, DER DEN ARMEN HALF

Es war einmal ein Lama, ein Priester und Lehrer, der jedoch in seinem Kloster nicht sehr angesehen war. Er war nämlich so arm, dass keiner im Kloster Großes von ihm hielt. Dazu kam, dass der Lama auch nicht so viel betete wie die anderen: lieber pilgerte er über Land, half den Armen und stand ihnen gegen die bei, die sie bedrückten oder ihnen Unrecht taten.

An einem eiskalten Wintertag kam er wieder mal ins Dorf. Er begegnete dort ein paar Leuten, die bis auf die Knochen durchfroren waren und am ganzen Leib zitterten.

"Warum geht ihr nicht ins Wirtshaus, trinkt dort ein Gläschen Wein und wärmt euch auf?" fragte der Lama mitleidsvoll.

"Ach, ein Glas Wein würde uns schon schmecken, aber leider haben wir kein Geld."

Der Lama überlegte ein Weilchen, dann sagte er: "Geht voraus zum Kloster und wartet dort auf mich. Ich komme gleich nach."

Dann kehrte er um und ging in das nächste Wirtshaus.

"Welch hoher Gast", begrüßte ihn höflich der Wirt. "Womit kann ich Euch dienen, Ehrwürdiger?"

"Kommt, stoßt mit uns an", riefen die reichen Gutsherren am Stammtisch, die sich beim Weine vergnügten.

"Heute kann ich leider nicht mit Euch trinken, ich habe es eilig. Aber ich will gerne den Wein

mitnehmen und auf euer Wohl trinken", antwortete
der Lama und zog unter seiner Kutte eine leere Flasche                                                      hervor.
Der Wirt füllte die Flasche sogleich randvoll mit
Wein.
Der Lama nahm die Flasche, steckte sie unter seine
Kutte und ging zur Tür.
"He, und wer bezahlt mir den Wein?" rief der Wirt
ihm nach. "Ich habe kein Geld", kam die Antwort
von der Tür. "Wenn du ein armer Lama bist, dann
trink Wasser", rief der Wirt. "Gieß sofort den Wein
wieder in das Fass zurück!" Der Lama kehrte folg-
sam um, zog die Flasche unter der Kutte hervor und
goss den Inhalt in das Fass zurück. Die Gutsbesitzer
hielten sich die Bäuche vor Lachen, der Lama aber
verließ gesenkten Hauptes den Raum.

Im Kloster warteten die Dorfleute schon ungedul-
dig auf ihn. Der Lama fischte aus den Falten seiner
geflickten Kutte eine Weinflasche hervor und ließ
sie                                                       kreisen.
"Ehrwürdiger Lama, sagt, wo habt ihr so schnell das
Geld für den Wein aufgetrieben?" fragte einer.
Der Lama lächelte und zog unter seiner Kutte eine
zweite, leere Flasche hervor und sagte: "Als ich ins
Wirtshaus ging, trug ich zwei Flaschen bei mir, eine
leere und eine voll Wasser. Die leere füllte der Wirt
mit Wein; doch da ich nicht bezahlten konnte, verlangte er, dass ich ihn in das Fass zurückgieße. Nun,
ich goss das Wasser aus der zweiten Flasche in das
Fass. Es kann den Reichen nicht schaden, wenn sie
einmal etwas verdünnten Wein trinken."
Darauf stießen die Dorfleute sich an und ließen die
Flasche noch einmal kreisen.

"Trinkt, Freunde, wärmt euch", fuhr der Lama fort. "Und wisst, auch der Buddha hat Mitgefühl mit den Armen und will nicht, dass sie darben oder erfrieren."

Und der Lama verbeugte sich tief vor dem Buddha im Klosterhof.[23]

*Geiz und Gier können nicht unbeantwortet bleiben*

## EIN MANN VOM STAMME ‚NIMM'

𝕰s war einmal ein Mullah, dessen Geiz war schon fast sprichwörtlich. Seine Truhen platzten von den Gaben der Gläubigen, aber dem Mullah war es immer noch zu wenig. Kaum ein Mensch hatte von ihm nicht das Wort „gib" gehört, und es gab keinen, zu dem er wenigstens einmal „nimm" gesagt hätte. Wenn sich ein armer Teufel an ihn um Hilfe wandte, lautete dessen Antwort immer so: „Mein Sohn, bete inbrünstiger zu dem Allerhöchsten. Allah ist allmächtig und gnädig zu den Rechtgläubigen. Hast du keine Sünde begangen, wird er mit seinen Wohltaten nicht geizen." Aldar-Kosse erfuhr von der Habgier und Heuchelei des Mullahs und wollte ihm einen Denkzettel erteilen.

Nun begab es sich, dass der Mullah auf seinem Esel von einem Dorf zum anderen ritt. Da hörte er es bitterlich weinen. Was war das? Beweinte man etwa

---

[23] D. und M. Stovickova, Tibetische Märchen, Prag-Hanau 1974, S. 120ff; Erzählfassung: J. Wagner.

71

einen Toten? Der Mullah peitschte den Esel an. Wie heißt es doch so schön: „Das Vieh wird von gutem Futter fett, der Mullah von vielen Toten." Der Mullah kam zu einem alten Wegebrunnen, dort sah er einen Menschen sitzen, der, den Kopf auf die Knie gelegt, laut weinte. „Was ist geschehen?" fragte der Mullah. „Oh, ein Unglück, ein Unglück!" wehklagte der Mann. „Was für ein Unglück? Ist ein Verwandter gestorben?"

„O weh, o weh, noch schlimmer!"

„Was kann denn schlimmer sein?"

„Der gewitzte Aldar-Kosse hat mich ausgeraubt."

„Aldar-Kosse? Diesem Gottlosen ist alles zuzutrauen. Ich habe ihn nie gesehen, aber viel von ihm gehört. Was hat er dir angetan?"

„Am Brunnen trafen wir zufällig zusammen, und es entspann sich eine Unterhaltung. Aldar-Kosse bat mich um eine Prise Kautabak. Ich reichte ihm meinen alten Tabakbeutel, aber dieser Nichtsnutz warf ihn in den Brunnen."

Der Mullah schmunzelte. „Weshalb hebst du wegen des alten Tabakbeutels, auch wenn Tabak darin war, ein Geschrei durch die weite Steppe an?"

„In dem Beutel bewahrte ich unter dem Tabak drei Goldmünzen auf - meinen ganzen Besitz", erzählte der Unbekannte und heulte noch lauter. Der Mullah sprang aus dem Sattel: „Du sagst, im Beutel sind drei Goldmünzen? Warum steigst du nicht in den Brunnen und holst sie heraus, du komischer Kauz? Der Brunnen ist doch nicht sehr tief."

„Wie soll ich da runterkommen ohne Seil?"

„Höre, ich leihe dir meine Eselszügel, wenn du mir dafür eine Münze gibst", sagte er. „Segne euch Allah, frommer Mullah! Liebend gern würde ich euch Gold geben, doch ich fürchte, auch der Zügel wird nicht helfen."

„Warum nicht?"

„Weil ich von klein an nichts so fürchte wie kaltes Wasser und eher sterbe, als dass ich in den Brunnen tauche." ‚So ein Narr!' dachte der Mullah. ‚Wegen Geld würde ich nicht nur in einen Brunnen, selbst in die Hölle würde ich kriechen ... .'

Laut sprach er: „Wenn es so ist, will ich dir aus deiner Bedrängnis helfen und dein Geld aus dem Brunnen holen. Für das Wagnis und die Mühe musst du mir aber zwei Münzen geben."

„Du sollst sie haben! Ich gebe sie dir ohne Bedauern! Das Geld geht sowieso verloren. Wollen wir es so halten: zwei Goldmünzen euch, eine mir." In Windeseile legte der Mullah seine Gewänder ab und schaute, seinen Bauch haltend, zaghaft in den Brunnen. „Halte den Zügel schön fest, und wenn ich den Beutel habe, ziehe aus Leibeskräften", sagte er.

Der Mullah klammerte sich an den Zügel, ließ sich schnaufend in den Brunnen herab und hing über dem Wasser. „Lass mich herunter, vorsichtig, gib acht!" klang aus der Tiefe seine Stimme. „Warum zögerst du?"

„Weshalb die Eile, mein Vater?" hörte er von oben. „Wer nicht hastet, holt auch auf der Arba einen Hasen ein. Ich lasse mir Zeit, weil ich nachdenke. Und ich denke darüber nach, ob ich es euch nicht gleich gestehen soll, dass im Brunnen überhaupt kein Geld liegt."

„Wie?!" schrie der Mullah. „Im Brunnen liegt kein Geld? Schurke! Also ist es gelogen, dass Aldar-Kosse dir einen bösen Streich gespielt hat?"

„Gelogen, gelogen! Ich bekenne, heiliger Vater! Aldar-Kosse hat tatsächlich einen bösen Streich gespielt, nur nicht mir, sondern euch. Denn Aldar-Kosse bin ich selbst."

„O weh, ich Ärmster!" winselte der Mullah. Der Zügel riss und er plumpste ins Wasser.

Der Brunnen war nun wirklich nicht sehr tief. Bis zum Bauch im Wasser, schimpfte, fluchte und drohte der Mullah, musste aber bald einsehen, dass das bei Aldar nichts nutzte. Der stand über den Brunnen gebeugt und lachte aus vollem Herzen. Da schlug der Mullah einen anderen Ton an: „Aldaken, meine Seele, ich bin dir wegen deines üblen Streichs nicht mehr gram. Sei auch du mir nicht mehr gram. Hast mich zum Narren gehalten und damit soll's genug sein. Lasse mir nur den Zügel herunter, hilf mir aus dem Brunnen heraus!"

Aldar jedoch antwortete im Ton des Mullahs: „Bete inbrünstiger zu dem Allerhöchsten, heiliger Vater. Allah ist allmächtig und gnädig zu den Rechtgläubigen. Hast du keine Sünde begangen, wird er mit seinen Wohltaten nicht geizen." Der Bartlose setzte sich auf den Esel und ritt weiter, versteckte aber vorher die Gewänder des Mullahs. Der Mullah

planschte ziemlich lange im Brunnen, bis ihn endlich vorbeiziehende Kaufleute herauszogen.[24]

*Wenn ich wirklich will, steht die Welt auch mal still*

## DER BETRUNKENE HAHN

Es war einmal ein betrunkener Hahn, der suchte auf
einem Hügel kleine Zweige und fand eine Geldbörse. Er sagte: „Ich will dem König diese Börse
bringen." Er machte sich mit der Börse im Schnabel
auf den Weg.
Er kam an einen Fluss und sagte: „Fluss, tritt zurück, damit ich hinübergehen kann."
Aber der Fluss kümmerte sich nicht darum. Da
trank der Hahn das ganze Wasser aus.
Er ging weiter und traf einen Fuchs: „Lass mich vorbei." Doch weil der Fuchs sich nicht rührte, ver-
schlang er ihn. Er ging weiter und stieß auf eine
Fichte: „Geh aus dem Weg, damit ich vorbei-
kann." Doch da sie sich nicht regte, schob der betrunkene Hahn sie in sich hinein.
Weiter des Wegs traf er einen Wolf und schluckte
ihn, danach auch noch eine Eule.
Als der in das Schloss des Königs kam, fragte er
nach dem König und gab ihm die Geldbörse. Der
König befahl daraufhin, ihn in den Hühnerstall zu
sperren und gut zu behandeln.

---

[24] Wie Aldar-Kosse einen geizigen Mullah bestrafte, R.
Schick, Kasachische Volksmärchen, Moskau 1986, Erzählfassung: J. Wagner.

Als der betrunkene Hahn sich im Hühnerstall be-
fand, begann er zu krähen:

*Kikerikiii,*
*meine Börse mit Geld, man bringe mir sie.*

Als er sah, dass nichts passierte, ließ er den Fuchs
heraus, den er auf dem Weg verschlungen hatte.
Der Fuchs fraß die gesamte Hühnerschar auf. Man
erstattete Meldung von dem Vorfall, und der König
befahl, das betrunkene Hähnchen in einen Gläserschrank zu sperren. So geschah es, aber das betrunkene Hähnchen krähte weiter:

*Kikerikiii,*
*meine Börse mit Geld, man bringe mir sie.*

Wieder passierte nichts. Da ließ es die Fichte heraus
und alle Gläser im Gläserschrank brachen entzwei.
Da befahl der König, das betrunkene Hähnchen in
einen Pferdestall zu sperren. Dort krähte es die
ganze Zeit:

*Kikerikiii,*
*meine Börse mit Geld, man bringe mir sie.*

Dann ließ es den Wolf heraus, und der Wolf fraß die
Pferde. Darauf befahl der König, das betrunkene
Hähnchen in eine Ölkanne zu stecken, aber es ließ
nun die Eule heraus und die trank das ganze Öl aus.

Da der König nun nicht mehr wusste, was er tun
sollte, ließ er den Backofen anheizen und das Hähnchen dort hineinstecken. Aber selbst im Backofen
begann es zu krähen:

*Kikerikiii,*
*meine Börse mit Geld, man bringe mir sie.*

und ließ den Fluss heraus, den es getrunken hatte. Als das Schloss schon fast unter Wasser stand, befahl der König, man solle dem Hähnchen die Geldbörse bringen und es dann fortschicken, bevor es den ganzen Fluss hinauslassen könnte.
Da lief der betrunkene Hahn fröhlich heim – mit der Geldbörse im Schnabel.[25]

## V   Verliebt, verlobt, verheiratet

*Wie man das Herz einer jungen Frau gewinnt*

### DIE SCHÖNE KÖNIGSTOCHTER IM GARTEN

Eine arme Frau hatte drei Söhne und keinen Mann und auch nichts zu essen und das tat ihr so weh, so weh, dass sie meinte, das Herz im Leibe müsste ihr zerspringen vor lauter Jammer und Not, und sie setzte sich hin und weinte bittere Tränen. Als die drei Söhne das sahen, da tat es ihnen leid und der Älteste sprach zu seiner Mutter:

*Moer geef my 'ne koeck,*
*Lapp my myn broeck,*
*Ik zal uit reizen gaen.*

---

[25] H. Meier, Spanische und Portugiesische Märchen, Jena 1940.

*Mutter, gib mir einen Kuchen,*
*flicke mir meine Hose,*
*ich will auf Reisen gehen.*

Da gab ihm die Mutter einen Kuchen und flickte ihm seine Hose und er ging weg und kam in einen großen Wald; und darin ging er immer weiter und weiter, bis es stichdunkel geworden war. Da kletterte er auf einen hohen Baum und sah, wie von fern ein ganz klein Lichtlein schimmerte; auf das Lichtlein ging er zu und wandelte die ganze Nacht, und als es Morgen geworden war, da stand er vor einem wunderschönen Schloss, das glänzte, als wenn es von lauter Diamanten gewesen wäre. Weil das Tor nun offen stand, ging er hinein und kam in einen Garten; aber der war so schön, oh so schön, wie noch kein Mensch in der ganzen Welt einen gesehen hat. Wo er nur hinschaute, da standen Blumen und Bäume mit Äpfeln und Birnen und goldenen Nüssen und er hatte so große Freude daran, dass er immer weiter darin fortging, bis er an das Ende kam, wo er eine Königstochter sitzen sah, die von so großer Schönheit war, dass er im ersten Augenblicke glaubte, es wäre ein Engel aus dem Himmel. Er zog höflich seine Kappe und sprach: „Gott grüß euch, schöne Jungfrau!" „Schönen Dank", antwortete die Königstochter. „Aber sage mir nun auch, was dir am besten gefällt in meinem Garten." Darauf antwortete der Älteste: „Ach, schöne junge Frau, das sind die lieben Blumen." — „Ei, du dummer Tölpel", sprach da die Königstochter, „weißt du nichts Schöneres, dann marsch fort mit dir in den Keller!" und mit dem nahm sie ihn beim Kragen und setzte ihn in den Keller. Als der Älteste nun nicht wiederkehrte, da sprach der Zweite zu seiner Mutter:

*Moer geef my 'ne koeck,*
*Lapp my myn broeck,*
*Ik zal uit reizen gaen.*

*Mutter, gib mir einen Kuchen,*
*flicke mir meine Hose,*
*ich will auf Reisen gehen.*

Da gab ihm die Mutter einen Kuchen und richtete ihm seine Hose und er zog fort und immer weiter bis in den großen Wald und endlich auch bis an das Schloss; da ging er hinein und rund herum in dem Garten, bis er an die Laube kam, wo die schöne Königstochter saß. „Gott grüß euch, schöne Jungfrau", sprach er. „Schönen Dank", antwortete die Königstochter; „aber sage mir nun auch, was dir in meinem Garten am besten gefällt." Darauf antwortete der Zweite: „Ach, schönste junge Frau, das sind die roten Äpfel und die gelben Birnen und die goldenen Nüsse." — „Ei, du dummer Tölpel", sprach da die Königstochter, „weißt du nichts Besseres, dann marsch fort mit dir in den Keller" und sie fasste ihn am Kragen und setzte ihn in den Keller. Als der Zweite nun auch nicht zurückkehrte, da beschloss der Jüngste, sein Glück auch einmal zu versuchen, und er sprach zu seiner Mutter:

*Moer geef my 'ne koeck,*
*Lapp my myn broeck,*
*Ik zal uit reizen gaen.*

*Mutter, gib mir einen Kuchen,*
*flicke mir meine Hose,*
*ich will auf Reisen gehen.*

Da gab ihm die Mutter einen Kuchen und flickte seine Hose und er zog aus und kam gleichfalls in den Wald und an das schöne diamantene Schloss. Er verwunderte sich über die Maßen ob der schönen Blumen und der lachenden Früchte, bekam auch wohl Lust, einmal davon zu kosten, doch bezwang er sich und ging immer fort, bis er von ferne die Königstochter erblickte. „Nein", sprach er da zu sich selbst, „ein so bildschönes Mädchen habe ich doch in meinem ganzen Leben noch nicht gesehen", und er zog seine Kappe und trat ihr näher und grüßte sie höflich: „Gott grüß euch, schöne junge Frau!" „Schönen Dank", entgegnete die Königstochter; „aber sage mir doch, was dir in meinem Garten am besten gefällt." „Ach, das seid ihr, schöne junge Frau, denn neben euch sieht man keine Blumen und keine Äpfel und nichts", sprach der Jüngste. Da fiel die Königstochter ihm um den Hals und sprach: „Du bist mein und ich bin dein und du bist mein lieber Mann", und sie führte ihn in das Schloss und am andern Tage wurde die schöne Königstochter seine Frau und sie lebten zufrieden und glücklich mit einander.[26]

---

[26] J. W. Wolf, Deutsche Märchen und Sagen, 1845.

*Wie sag ich's ihm, wie sag ich's ihr?*

## DAS NIKOLAUSGESCHENK

Auf einem Bauernhof in Friesland war der Bauer verunglückt und seine Frau blieb allein mit dem Knecht zurück. Sie war zwar reich, aber da sie sehr jung Witwe geworden war, war sie nicht nur traurig, sie sehnte sich auch nach einem neuen Mann. Zuerst wollte sie nichts davon wissen, wieder zu heiraten, denn sie befürchtete, dass die Heiratskandidaten es mehr auf ihr Geld abgesehen hatten als auf sie. So bewirtschaftete sie den Hof alleine mit ihrem Knecht, einem ruhigen, aber zuverlässigen jungen Mann, der nur ein paar Jahre jünger war als sie. Sie mochte ihn sehr gern und ohne ihn würde sie die Arbeit auf den Hofe nie bewältigen. Nach ein paar Jahren kam es so weit, dass sie ihn eigentlich zu heiraten wünschte. Aber wie sollte sie ihm das deutlich machen? Sie als Frau konnte ihn schwerlich selbst fragen, und er ließ sich nichts anmerken. Nicht, dass er nicht wollte, aber dass ein Knecht sein Glück bei der Bäuerin versuchte, das schickte sich nicht. Sogar in seinen kühnsten Träumen würden ihm nie solche Gedanken gekommen sein. Und so geschah lange nichts.

Dann wurde es Dezember. Da sagte die Bäuerin neckend zu dem Knecht, er sollte doch wie früher die Holzschuhe mal an den Kamin stellen. Es könnte ja sein, dass der heilige Nikolaus heuer noch etwas für ihn im Sack habe. Der Knecht hielt nichts davon: das ist doch Unsinn! Aber sie redete so lange auf ihn ein, dass er schließlich nachgab. Die Bäuerin war die Herrin, nicht wahr? So kamen seine Holzschuhe vor den Kamin. Als er am nächsten Morgen für eine Tasse Kaffee in die Küche kam, hatte er das alles schon vergessen - bis er seine Bäuerin sah: Die stand mehr als verlegen mit einem roten Kopf, barfuß in seinen, ihr viel zu großen, Holzschuhen. Sie brauchte jedoch nichts zu sagen. Er verstand den Wink, und acht Wochen später, waren sie verheiratet und er war der Bauer.[27]

*Wettstreit der Geschlechter*

**FRAUENLIST**

In einer Stadt lebte einmal ein Kaufmann. Er war jung, er war schön und er war reich. Vor allem aber war er überzeugt, dass Männer klüger sind als Frauen. So ließ er über seiner Ladentüre ein Schild anbringen:

*Die List der Männer ist größer als die List der Frauen.*

Einmal ging die Tochter des Meisters der Schmiede an seinem Laden vorbei, las das Schild und wurde rot vor Zorn. Die ganze Nacht konnte sie nicht schlafen und überlegt hin und her, wie sie das dem Kaufmann heimzahlen wollte und am Morgen hatte sie einen Plan.

---

[27] B. A. G. Meerburg, J. van der Kooi, Friesischen Märchen 1990, Erzählfassung: J.W.

Sie legte ihr schönstes Kleid an und goldenen Schmuck, hüllte ihr Gesicht in einen Schleier und besprengte sich mit Wohlgerüchen. So spazierte sie am Laden des Kaufmanns vorbei. Er sah sie und grüßte: „Tausendfach guten Morgen! Möge es dir wohlergehen." Da blieb das Mädchen stehen und fing laut an zu weinen. Er wollte sie trösten, doch sie weinte immer mehr. Endlich kam sie in seinen Laden, doch vor Schluchzen konnte sie nicht sprechen. „Sag mir doch, was dir fehlt! Ich gebe dir alles, was du willst, nur hör auf zu weinen!" Da seufzte sie, schob den Schleier ein wenig vom Gesicht und fragte: „Wie findest du meine Augen?" Er erblickte wunderschöne Augen, die in Tränen schwammen - und es war um seinen Verstand geschehen. „Sie sind entzückend! Ich habe nie schönere gesehen!". – Da schob das Mädchen einen Ärmel ein wenig zurück und fragte: „Und wie findest du meinen Arm?" Ihr Arm war weiß und wohlgerundet und verwirrte seine Sinne. „O Jungfrau, er ist wie Alabaster!" Sie zeigte ihm ihre Waden und fragte: „Und was ist damit?" - „Sie sind unvergleichlich!" Zuletzt zeigte sie ihm noch ihre schwarzen Haarflechten und er rief: „Nie hat Allah eine schönere Jungfrau geschaffen!"

Da fing das Mädchen wieder zu weinen an: „Mein Vater ist der Kadi und er sagt zu jedem Mann, der um meine Hand wirbt, ich sei hässlich, zänkisch, bösartig und einäugig. Dann gehen alle Bewerber schleunigst wieder fort. Was soll ich nur machen?" – „Wenn es weiter nichts ist", sagte der Kaufmann. „Ich werde morgen bei deinem Vater um dich werben. Er mag sagen, was er will, ich kenne dich ja nun." Da war sie froh und ging heim.

Am nächsten Morgen ging der Kaufmann zum Kadi, verbeugte sich tief und sprach: „O Kadi, die Sonne deiner Gnade erleuchte mich! Ich erbitte deine Tochter zur Frau!" - „Lieber Sohn, meine Tochter ist sehr hässlich!" – „Das macht mir nichts!" - „Sie ist sehr bösartig!" – „Ich nehme sie trotzdem!" – „Sie hat nur ein Auge!" - „Sie mag sein, wie sie will, ich nehme sie, wie sie ist!" - „Nun gut, ich habe dich gewarnt! Der Kaufpreis beträgt 1000 Goldstücke." Also wurde der Vertrag geschlossen und die Hochzeit gefeiert. Am Abend brachte man die Braut ins Haus des Kaufmanns. Er konnte es kaum erwarten, sie zu sehen und betrat hochentzückt das Brautgemach. Aber schon auf der Schwelle blieb er vor Schrecken stehen. Da saß ein verkrüppeltes, hässliches, einäugiges Wesen mit einem Kahlkopf. „Bist du die Tochter des Kadis?" fragte er endlich. „Das bin ich, du Dummkopf. Komm, leg dich zu mir, aber schnell!" keifte sie.

Er ging hinaus und legte sich auf sein eigenes Ruhelager. „Welches Unglück ist da über mich gekommen! Was soll ich mit diesem entsetzlichen Geschöpf anfangen? Warum hat jene Jungfrau mir das angetan?" Am nächsten Morgen ging die Tochter des Obersten der Schmiede wieder an seinem Laden vorüber und sagte: „Allerschönsten guten Morgen für dich!" - „Für dich nicht! Gott strafe dich dafür, dass du mir so übel mitgespielt hast! Warum hast du mir denn ein solches Übel angetan?" Da lächelte sie und zeigte auf das Schild vor seiner Ladentüre:

*Die List der Männer ist größer als die List der Frauen.*

„Ich werde dir helfen, wenn du das Schild änderst und mit Goldfarben schreibst:

*Die List der Frauen ist größer als die List der Männer.*

Wenn dieses Schild morgen früh an deiner Ladentüre hängt, werde ich dir sagen, wie du dich retten kannst."

Am nächsten Morgen sah sie mit Befriedigung, dass er das Schild geändert hatte. „Nun will ich dir sagen, was du tun musst. Vor der Stadt leben Zigeuner. Geh zu ihnen und sage, etwa zwanzig von ihnen sollen mit Trommeln und Pfeifen zum Kadi kommen und Krach machen. Und wenn dich der Kadi fragt, wer die sind, dann sprich: Das sind meine Verwandten. Sie sind gekommen, mir zu meiner Hochzeit Glück zu wünschen. Dann wird der Kadi dich von seiner Tochter scheiden, weil er keinen Zigeuner als Schwiegersohn will." So sei es", sagte der Kaufmann vergnügt. Er ging sogleich zu den Zigeunern, bat sie um den Gefallen und gab ihnen dafür ein paar Goldstücke.

Am nächsten Morgen saß der Kaufmann beim Kadi, als ein Trommeln und Pfeifen anhob. „Das sind meine lieben Verwandten, die Zigeuner", sagte der Kaufmann. „Sie sind gekommen, mir Glück zu meiner Hochzeit zu wünschen."- „Was, du bist ein Zigeuner? Auf keinen Fall gebe ich meine Tochter einem Zigeuner! Du musst dich von ihr scheiden lassen!"- „Auf gar keinen Fall gebe ich sie wieder her!" rief der Kaufmann. Doch als der Kadi anbot, den vollen Kaufpreis und alle Ausgaben für die Hochzeit zurückzuerstatten, willigte der Kaufmann endlich ein und die Tochter des Kadis wurde wieder zurück zu ihrem Vater gebracht. An diesem Abend legte sich der Kaufmann vergnügt nieder.

Am nächsten Morgen erzählte er der Tochter des Obersten der Schmiede, wie trefflich ihr Rat gewesen war und dankte ihr dafür. „Gibst du nun zu, dass die Weiberlist größer ist als die Männerlist?" fragte sie. „O ja, das habe ich selbst erfahren!" – „Wenn du nun willst, so geh zu meinem Vater, dem Obersten der Schmiede, und bitte ihn um meine Hand- „Sehr gerne!" sagte er.
„Glücklichen, guten Morgen!" wünschte er dem Schmied. „Auch dir einen glücklichen, guten Morgen!". – „Ich bitte, dass du mir deine Tochter zur Frau gibst, aber ich mache zur Bedingung; dass ich sie vor der Hochzeit sehen darf." „Wie darf einer eine Jungfrau, die er heiraten will, vorher sehen?" entrüstete sich der Schmied. „Ich muss sie aber vorher sehen und ich gebe dir tausend Goldstücke dafür!"- „Nun, so sei es!" sagte der Schmied und führte jenen ins Haus zu seiner Tochter. Die lachte laut, als sie ihn sah und fragte: „Warum kommst du hierher?" – „Ich wollte sicher sein, dass du mich nicht mit einer noch schlimmeren Jungfrau zusammenbringen würdest als es die Tochter des Kadis war." Da lachte sie laut und auch er war sehr vergnügt. Sie feierten eine Hochzeit, wie man noch keine erlebt hat und waren beide aufs Höchste erfreut.[28]

---

[28] E. Littmann, Arabische Beduinenerzählungen, Straßburg 1908, Erzählfassung: H. C. Heim.

## DIE FLIEGENDE TRUHE

Es waren einmal zwei junge Burschen, ein Weber und ein Tischler, die freiten um dieselbe junge Frau. Das ging so eine Weile, schließlich aber sagte sie zu ihnen: „Beide kann ich euch nicht heiraten! Du, Tischler, mach mir eine Truhe, die durch die Luft fliegen kann, und du, Weber, webe mir ein Hemd, ganz und gar ohne Naht." Danach gingen die Burschen heim. Der Weber überlegte, wie er wohl ein solches Hemd weben könne. Da fiel ihm ein, dass man Strümpfe ganz und gar ohne Naht wirken konnte. So machte er sich ein Gestell aus Holz und wirkte das Hemd rundherum. Der Tischler baute indessen eine Truhe, so wie ihm die junge Frau aufgetragen hatte, und ließ sie vom Schmied mit Eisen beschlagen. Wenn man sich hineinsetzte und einen Knopf drehte, flog sie durch die Luft.

Beide Burschen brachten der jungen Frau ihre Geschenke, und diese gefielen ihr gar wohl. Sie betrachtete das Hemd, ganz und gar ohne Naht, und willigte ein, den Weber zu heiraten. Dann sah sie sich die Truhe an, zweifelnd, ob sie in Wahrheit damit durch die Luft fliegen könne. Da sprach der Weber zum Tischler: „Steig hinein!" - Nein, steig du hinein!", entgegnete der Tischler. Keiner von beiden wollte in die Truhe steigen. Der Weber aber ließ sich schließlich übertölpeln, stieg in die Truhe, drehte innen den Knopf, und schon erhob er sich in die Luft, meilenhoch, und kehrte nimmer zu der jungen Frau zurück. Und da er nun davongeflogen war, heiratete sie den Tischler.

Der Weber flog eine Woche lang über Berg und Tal und landete schließlich auf einem Heuschober. Als der Abend anbrach, erblickte er, wohl an die zwei Meilen entfernt, eine Stadt und darin ein helles Licht, drehte noch einmal den Knopf und flog stracks auf den hellen Palast zu. Dessen König besaß eine Tochter, die war so schön, dass er sie immer zur Nacht ins dritte Stockwerk hinaufbrachte, weil er fürchtete, es könnte ein Unheil durch sie geschehen. Als der Weber nun zu ihrem Fensterchen geflogen kam und bei ihr anpochte, fragte sie: „Wer ist da?" „Ich, der heilige Petrus. Von Gott zu deiner Kurzweil entsandt." Er plauderte ein Weilchen mit ihr und flog dann davon. Am folgenden Abend pochte Petrus wiederum an ihr Fensterchen. Sie aber hatte schon Speis und Trank bereitgestellt. Er aß sich nudelsatt und fragte dann, ob er bei ihrem Vater um sie freien dürfe. Ein Weilchen plauderte er noch mit ihr und flog hernach davon. Als der Morgen kam, fragte der Vater seine Tochter: „Weshalb bist du so fröhlich? Ist etwa jemand in der Nacht bei dir gewesen?" „Freilich", erwiderte sie, „der heilige Petrus war bei mir und fragte an, ob er bei dir, meinem Vater, um mich freien dürfe." „Wie kann ich dich mit ihm vermählen! Du bist doch schon dem Sohn des Nachbarkönigs versprochen. Der würde sogleich sein Heer gegen mich ins Feld führen, wenn ich dich dem Petrus vermählte. Sollte er in der nächsten Nacht wieder zu dir geflogen kommen, dann frag ihn, ob er mir als mein Schwiegersohn auch Rat und Hilfe erweisen kann. Denn jener König ist stärker als ich." Als Petrus in der nächsten Nacht zu ihr geflogen kam, erzählte sie ihm alles. „Gut, ich will deinem Vater gar wohl Rat und Beistand erweisen." Da vermählte der König sie mit Petrus.

Als das der Nachbarkönig erfuhr, erklärte er sogleich den Krieg. Beide Könige rüsteten zur Schlacht, aber der Nachbarkönig war stärker und hatte auch ein viel größeres Heer. Der schwächere König fragte seinen Schwiegersohn: „Was soll nun werden?"- „Fürchtet euch nicht, Väterchen", gab Petrus zur Antwort. „Zieht getrost ins Feld." Petrus aber blieb daheim zurück, machte Öl und Wasser in großen Kesseln siedend heiß und flog damit gegen den Feind. Als er dann das feindliche Heer aus der Luft mit siedendem Öl und kochendem Wasser begoss, gestand der Nachbarkönig ein: „Es muss wohl die reine Wahrheit sein, dass dies der heilige Petrus ist, denn er sendet uns vom Himmel herab ein Strafgericht." Er schloss Frieden, und somit war der Krieg zu Ende.

Doch schon nach einer kleinen Weile sprach der Nachbarkönig: „Warum nur bin ich vor so einem Dummkopf zurückgewichen!" Und aufs Neue erklärte er den Krieg. Da fragte der König seinen Schwiegersohn: „Nun, lieber Sohn, was werden wir tun?" „Zieht nur ins Feld!" gab Petrus zur Antwort. „Ich werde euch helfen." Als das Heer in die Schlacht gezogen war, füllte Petrus seine Truhe bis an den Rand mit glühenden Kohlen, flog gegen den Feind und überschüttete ihn aus der Luft mit Kohlenglut. Da musste der stärkere König wiederum Frieden schließen, und seine Soldaten sprachen: „Wahrlich, es ist der heilige Petrus." So hatte der Krieg ein Ende.

Es war aber noch kein halbes Jahr vergangen, da sprach der stärkere König: „Nie und nimmer werde ich vor diesem Dummkopf zurück-weichen." Und er schrieb Petrus, er werde aufs Neue gegen ihn zu Felde ziehen. Diese Nachricht betrübte Petrus über alle Maßen, denn nach dem letzten Feldzug war in der Truhe ein großes Stück Kohle zurückgeblieben. Die Truhe war verbrannt und er konnte nicht mehr fliegen. Als nun beide Könige in die Schlacht zogen, ließ Petrus sich ein Pferd ohne Sattel und Zaumzeug bringen, bestieg das Pferd und ließ sich die Füße unter dessen Bauch zusammenbinden. So ritt er ins Feld, denn er vermeinte, durch das Pferd den Tod zu finden. Das Pferd jagte mit ihm dahin und raste schnurstracks zum Schlachtfeld. Auf dem Wege dahin stand ein altes Kruzifix. Das packte Petrus im Vorüberjagen mit beiden Händen und wähnte, so den Tod zu finden. Doch der Sockel des Kruzifixes war morsch, er brach ab, und Petrus jagte mit dem Kruzifix mitten ins feindliche Heer und mähte die Feinde damit nieder - links mit dem Kreuz, rechts mit dem Sockel. Das Pferd jagte hin und her durch die feindlichen Reihen und Petrus mähte mehr als die Hälfte des Heeres nieder. Da sah der feindliche König seine Sache verloren und musste Frieden schließen. Und er sprach: „Dies ist der Beweis dafür, dass des Königs Schwiegersohn in Wahrheit der heilige Petrus ist. Dreimal bin ich gegen ihn zu Felde gezogen und hoffte, ihn zu besiegen. Aber jedes Mal sandte er mir vom Himmel herab ein Strafgericht." So blieb der Weber des

Königs Schwiegersohn. Und damit endet unsere Geschichte.[29]


## VI  Hochzeit und Eheleute


*Die Frau mit dem großen Herzen*

## GUDBRAND VOM BERGE

**E**s war einmal ein Mann, der hieß Gudbrand. Er hatte ein Gehöft, das lag weit weg am Abhang eines Berges, und darum nannten ihn die Leute Gudbrand vom Berge. Er lebte mit seiner Frau zufrieden und verträglich zusammen, und alles, was der Mann tat, gefiel der Frau gut. Sie besaßen ihr Stück Ackerland, hatten hundert Taler in der Kiste liegen und im Stall hatten sie zwei Kühe stehen. Da sagte die Frau eines Tages zu Gudbrand: „Mir deucht, wir sollten die eine Kuh zur Stadt bringen und sie verkaufen. Die hundert Taler in der Kiste dürfen wir nicht angreifen, doch es wäre gut, wenn wir auch ein paar Schillinge zum Ausgeben in die Hand bekämen. Und dann müsste ich auch nur noch auf eine Kuh aufpassen."

Ja, das deuchte dem Gudbrand ganz recht und vernünftig gesprochen, und er nahm sogleich die Kuh und ging damit zur Stadt, um sie zu verkaufen. In

---

[29] Monika Tantzscher, Die fliegende Truhe, Zaubermärchen aus der Ukraine, Berlin 1966. Erzählfassung: H. C. Heim

der Stadt aber fand sich niemand, der ihm die Kuh abkaufen wollte. „Ei nun, so geh ich mit meiner Kuh wieder nach Hause; ich habe doch Stall und Joch für sie", dachte Gudbrand. Und damit stiefelte er mit seiner Kuh getrost wieder heimwärts.

Als er eine Weile gegangen war, begegnete ihm einer, der hatte ein Pferd zu verkaufen. Nun deuchte unserm Gudbrand, es wäre besser, ein Pferd zu haben als eine Kuh, und darum tauschte er mit dem Mann. Und dann tauschte er weiter, das Pferd gegen ein fettes Schwein, das Schwein gegen eine Ziege, die Ziege gegen ein Schaf, das Schaf gegen eine Gans und die Gans gegen einen Hahn. Er wanderte nun weiter, bis es Abend wurde, und da sich bei ihm nun der Hunger einstellte, verkaufte er den Hahn für drei Groschen und kaufte sich dafür etwas zu essen. Darauf setzte er seinen Weg nach Hause fort, bis er zu dem Gehöft seines nächsten Nachbarn kam, da kehrte er ein. „Nun, wie ist es dir in der Stadt ergangen?" fragten ihn die Leute. „Oh, ich habe nicht gerade Glück gehabt, aber auch nicht gerade Unglück." Und dann erzählte er ihnen, wie sich alles zugetragen hatte, von Anfang bis Ende. „Na, da wird dich deine Frau aber auch schön empfangen, wenn du nach Hause kommst", sagte der Nachbar. „Gott steh dir bei! Ich möchte nicht in deiner Haut stecken!" – „Ich habe doch eine gute Frau, die mir nie Vorwürfe macht, was ich auch immer anfange." - „Ja, das mag sein", sagte der Mann, „aber ich glaub's doch nicht." – „Wollen wir wetten? Ich habe hundert Taler in der Kiste liegen, hältst du ebenso viel dagegen?" „Topp!" rief der Nachbar, und als es anfing zu dämmern, begaben sich beide zu Gudbrands Gehöft.

Hier blieb der Nachbar draußen vor der Tür stehen, um zu horchen, während Gudbrand zu seiner Frau hineinging und mit ihr sprach. „Guten Abend!" sagte die Frau, „Gott sei Lob, bist du wieder da! Wie ist es dir denn ergangen in der Stadt?" - „Ach, so so! Ich kann mein Glück nicht gerade rühmen. Als ich in die Stadt kam, war niemand da, der mir die Kuh abkaufen wollte; darum vertauschte ich sie gegen ein Pferd." - „Ei, da muss ich dir ja dankbar sein. Dann können wir wohl auch wie andere zur Kirche fahren! - Geht, Jungens, und holt das Pferd herein!"

„Je nun, ich hab das Pferd doch nicht; denn als ich ein Stück Weges gegangen war, vertauschte ich es gegen ein Schwein. – „Nein", riet die Frau, „das ist so klug, als ob ich's selbst getan hätte! Danke schön, lieber Mann! Nun hab ich doch Speck im Hause, um den Leuten etwas anzubieten, die zu uns kommen. Geht, Jungens, und bringt das Schwein herein!"

„Aber ich habe das Schwein doch auch nicht, denn als ich ein Ende gegangen war, vertauschte ich es gegen eine Milchziege." – „Wie du alles vortrefflich machst! Was sollte ich auch mit dem Schwein, wenn ich's recht bedenke? Nein, hab ich eine Ziege, dann bekomme ich Milch und Käse, und die Ziege bleibt mir dennoch. - Jungens, lasst die Ziege herein!"

„Nein, ich hab die Ziege doch auch nicht, denn als ich etwas weiter gekommen war, vertauschte ich die Ziege und bekam dafür ein herrliches Schaf." – „Nein!" rief die Frau, „du hast alles gemacht, wie ich's mir nur wünschen kann, grade, als war ich selbst dabei gewesen. Was sollten wir auch mit der Ziege? Ich müsste dann immer hinterher laufen und bergauf und bergab klettern. Hab ich aber ein Schaf, so hab ich Wolle und Kleider im Haus und Essen obendrein. - Geht. Jungens, bringt das Schaf rein!"

„Aber ich hab das Schaf auch nicht mehr, denn als ich etwas weiter gegangen war, vertauschte ich es gegen eine Gans." – „Ei, tausendmal schönen Dank! Wohl sollte ich auch mit dem Schaf? Ich habe ja weder Rocken noch Spindel und reiße mich auch nicht darum, mich zu placken und zu quälen und Kleider zu weben; wir können ja unsere Kleider kaufen, wie wir es sonst getan haben. Nun bekomme ich doch mal Gänsefleisch zu schmecken, danach habe ich schon so lange gelechzt, und kann mir Daunen in meine Kissen stopfen. - Geht, Jungens, und holt die Gans rein!"

„Ja, ich hab die Gans aber auch nicht", sagte Gudbrand, „denn als ich noch ein Stück gegangen war, vertauschte ich sie gegen einen Hahn." – „Gott weiß, wie du auf das verfallen bist! Es ist alles grade so, als ob ich's selbst gemacht hätte. Ein Hahn, das ist dasselbe, als ob du eine Weckuhr gekauft hättest; denn jeden Morgen kräht der Hahn um vier, und dann können wir zur rechten Zeit auf die Beine kommen. Was sollten wir wohl mit der Gans? Ich versteh mich nicht darauf, Gänsefleisch zu pökeln, und mein Kissen kann ich mir ja mit Seegras stopfen. - Geht, Jungens, und holt den Hahn rein!"

„Aber ich habe doch den Hahn auch nicht, denn als ich noch etwas weiter gegangen war, bekam ich entsetzlichen Hunger und musste den Hahn für drei Groschen verkaufen, damit ich nur lebendig nach Hause kam." – „Na, das war recht, dass du das tatest! Was du auch anfängst, du machst alles, wie ich's nur wünschen kann. Was sollten wir auch mit dem Hahn? Wir sind ja unsere eignen Herren und können des Morgens liegen bleiben, solange wir wollen. Na, Gott sei Lob! Wenn ich dich nur wieder habe, der du alles so gut machst, dann brauch ich weder Hahn noch Gans noch Schwein noch Kuh." Nun machte Gudbrand die Tür auf. „Hab ich jetzt die hundert Taler gewonnen?" rief er, und das musste der Nachbar ja nun zugeben.[30]

*Wollen wir nicht einmal mit der Arbeit tauschen?*

## VOM MANN, DER DAS HAUS BESORGTE

**E**s war einmal ein Mann, der glaubte, seine Frau führe daheim ein schönes Leben, während er sich auf dem Feld plagen müsse. Eines Abends in der Heuernte kam er heim und brummte und zankte und fluchte, dass es ganz schrecklich war. "Ach, lieber Mann, sei doch nicht so böse! Morgen wollen wir mit der Arbeit tauschen: ich will mit den Schnittern auf die Wiese gehen, und du kannst währenddessen die Hauswirtschaft besorgen." Ja, das war dem Manne recht, das wäre doch ein Leichtes.

Früh am andern Morgen nahm die Frau die Sense auf die Schulter, um die Wiese zu mähen. Der Mann aber wollte zuerst die Butter bereiten. Als er das aber eine Weile getan hatte, wurde er durstig und

---

[30] P. Asbjørnsen, J. Moe, Norwegische Volksmärchen 1-2. Berlin, 1908. Bearbeitung: H.C. Heim.

ging hinunter in den Keller, um sich einen Krug Bier zu zapfen. Da hörte er, dass das Schwein in die Küche gekommen war. Er eilte hinauf, mit dem Zapfen in der Hand, so schnell er konnte. Aber das Schwein hatte das Butterfass schon umgeworfen und schleckte den Rahm auf. Da geriet er so in Wut, dass er ganz und gar das Bierfass vergaß und aus Leibeskräften hinter dem Schwein her rannte. Bei der Tür holte er es ein und versetzte ihm einen so derben Fußtritt, dass es auf der Stelle liegenblieb. Jetzt erst fiel es ihm wieder ein, dass er noch den Bierzapfen in der Hand hatte. Als er aber in den Keller kam, war das Bier schon völlig aus dem Fass gelaufen.

Er ging nun in die Milchkammer und fand noch so viel Sahne, dass er das Butterfass abermals füllen konnte, und so fing er von neuem an zu buttern. Aber dann fiel ihm ein, dass die Milchkuh noch im Stall stand und weder zu fressen noch zu saufen bekommen hatte, obgleich es schon ziemlich hoch am Tage war. Es war jedoch zu spät, sie nach der Weide zu treiben. „Ich will sie oben aufs Dach bringen, dort steht doch schönes, hohes Gras." Er legte eine Planke vom Hügel auf das Dach. Das Butterfass wollte er aber nicht wieder stehen lassen, darum nahm er es auf den Rücken.

Ehe er aber die Kuh auf das Dach trieb, wollte er ihr erst zu saufen geben. Er nahm deshalb einen Eimer, um Wasser aus dem Brunnen zu schöpfen. Als er sich aber hinunterbückte, floss aller Rahm aus dem Butterfass ihm über den Hals und in den Brunnen hinab. Danach brachte er mit Mühe und Not die Kuh aufs Dach.

Es ging stark auf Mittag und weil's ihm nun mit der Butter nicht geglückt war, wollte er sich Grütze kochen und hängte deshalb den Kessel mit Wasser übers Feuer. Da fiel ihm ein, dass die Kuh vom Dach leicht herunterfallen und sich Hals und Beine brechen könnte. Darum nahm er einen Strick und stieg auf das Dach. Das eine Ende band er ihr um den Hals, und das andre warf er durch den Schornstein, ging dann hinunter und band es sich in aller Eile ums Bein; denn das Wasser kochte schon im Kessel, und er musste die Grütze hineinrühren. Während er nun damit beschäftigt war, fiel die Kuh vom Dach herunter und zog den Mann an dem Stricke durch den Schornstein empor. Da hing er nun und konnte weder vorwärts noch rückwärts, und die Kuh hing draußen zwischen Himmel und Erde und konnte auch nicht loskommen.

Die Frau hatte schon lange darauf gewartet, dass der Mann sie zum Mittagessen rufen sollte; aber er kam und kam nicht. Schließlich dauerte es ihr doch zu lange und sie ging nach Hause. Als sie die Kuh sah, die da zwischen Himmel und Erde hing, hieb sie mit der Sense den Strick durch. Im selben Augenblick fiel der Mann den Schornstein hinunter, und als die Frau in die Küche kam, steckte er mit dem Kopf im Grützekessel.[31] „Mein guter Mann", sprach sie, „wollen wir morgen unsere Aufgaben wieder tauschen?"

---

[31] Norwegisches Märchen aus: Das blaue Band, K. Wolf-Feurer, Stuttgart 1971. Erzählfassung: H. C. Heim. Originaltitel: Von dem Manne, der die Hauswirtschaft besorgen sollte.

## WEIBLICHE LIST GEHT ÜBER MÄNNER-KRAFT

In einem Dorf lebten ein Bauer und seine Frau die hatten einen so klugen Sohn, dass sie ihn in der Stadt auf die Schule schickten. Der Bursch lernte, bis die Zeit kam, dass er zu den Soldaten gehen musste. Dort wollte er Korporal oder Leutnant werden, doch er blieb ein einfacher Soldat. „Ja", sagte sein Leutnant, „wenn du mir 500 Gulden brächtest, dann ließe sich da etwas machen!" Der Bursch schrieb nach Hause und bat seinen Vater um dieses Geld, der schickte es auch gleich, und der Bursch brachte es dem Leutnant. Aber er musste doch weiter in Reih und Glied dienen wie bisher.

Als eine Zeit vergangen war, fragte der Bursche wieder, wie seine Sache stünde. Da antwortete sein Leutnant, es fehlten noch 1000 Gulden zur Beförderung. Das schrieb er wieder seinen Eltern um 1000 Gulden, sie schickten ihm auch diese. Aber dadurch wurden sie so arm, so arm, dass sie in einer Hütte am Ende des Dorfes wohnen mussten. Der Leutnant aber nahm das Geld für sich und der Bursch erhielt keinen Stern dafür.

Eines Tages hatte er die Wache, ging an den königlichen Fenstern auf und ab und fing an, auf seiner Flöte zu blasen. Darin war er ein Meister, er konnte alle Lieder der ganzen Welt blasen, die traurigen und die lustigen. Die Königstochter hörte es und rief ihren Vater herbei. Das Flötenspiel klang so schön, dass sie gleich sagte, nur diesen wolle sie zum Manne. Einen andern brauche sie nicht. Der König rief den Burschen hinauf und fragte ihn, wie es komme, dass er noch ein einfacher Soldat sei. Der Jüngling erzählte es, und als der König dies vernommen, wurde er zornig und ließ den Leutnant aufhängen. Dann wurde die Hochzeit mit großer Freude gefeiert.

Als diese vorüber, wollte er seine Eltern holen, sie hätten ja Platz genug. Er nahm sich Soldaten und Geld genug mit und brach auf, um in sein Dorf zu gehen. Als es Abend wurde, kam er in einen Wald. Dort fand er ein Haus, aber es war ein Räuberhaus. Seinen Soldaten erlaubte er, so viel zu trinken, bis sie umfielen. Die Räuber nahmen den jungen König in die Stube, setzten ihn zum Tisch, brachten Karten und fingen an zu spielen. Jetzt merkte er, wohin er geraten war, aber er konnte nicht entfliehen und verlor immer gegen sie. Sie nahmen ihm zuerst alles Geld ab, dann seine schönen Kleider und zuletzt fragten sie ihn, auf welche Art er am liebsten sterben wolle. Er sagte, die Art wäre ihm gleich, nur möchte er noch einmal die Sterne sehen. Sie gingen alle hinaus und er rief: „Seht nur, ihr guten Leute, welch' ein schöner Stern ist da oben!" Als sie alle hinaufschauten, sprang er geschwind über den Zaun und entkam.

Nun schämte er sich, wieder zu seiner Frau ohne Kleider und mit nichts zurückzukehren, ging zu seinen Eltern, wurde Ziegenhirt und beim Hüten blies er die traurigsten Lieder. Als er nicht mehr zurückkehrte, fürchtete seine Frau, es sei ihm etwas zugestoßen und machte sich auf den Weg zu ihm. Sie schnitt sich das Haar ab, zog Soldatenkleider an, nahm zwölf Soldaten mit und zog denselben Weg, den er gegangen. So kam auch sie abends in das Haus der Räuber, befahl aber ihren Soldaten, nüchtern zu bleiben und zur Stelle zu sein, wenn sie sie riefe. Sie ging in das Haus und setzte sich an den Tisch. Die Räuber kamen, um mit ihr Karten zu spielen, sie spielte ein wenig, dann sagte sie, sie müsse hinaus, um einmal nach dem Pferd zu sehen. Sie rief aber die Soldaten herbei und stellte sie mit gezogenem Säbel an die Türe. Wenn ein Räuber herauskomme, sollten sie ihm den Kopf abschlagen. Sie blieb draußen. Nach einer Zeit kam ein Räuber, um zu sehen, warum der junge Soldat nicht mehr hereinkomme. Als er den Kopf hinaussteckte, verlor er ihn, und so ging es weiter, bis alle zwölf tot waren. Dann ging die Königstochter im Hause herum, fand die Sachen ihres Mannes und sein Geld, nahm alles zu sich und fuhr dann weiter bis in das Dorf zu seinen Eltern. Dort kam gleich der Vorsteher und fragte sie, wohin sie einquartiert werden möchte. In ein reiches Haus? „In das ärmste, denn den Reichtum kenne ich, nun will ich auch die Armut kennenlernen." Sie wusste aber gut, dass im ärmsten Hause ihr Schwiegervater wohnte. Abends kam ihr Mann mit seinen Ziegen nach Hause und erschrak, als die Hütte der Eltern von Soldaten umstellt war. Bis er ins Haus kam, hatte sie geschwind ihre Frauenkleider wieder angezogen. Ihr Mann schämte sich, in die Stube zu kommen, sie ließ ihn aber hineinschaffen. Da stand er plötzlich vor seiner Frau und konnte vor Freude nur weinen. Dann gab sie ihm seine Soldatenkleider wieder und er zog sie geschwind an. Als die beiden Alten jetzt das junge Paar sahen, verwunderten sie sich, bis diese beiden es ihnen alles erklärten. Am nächsten Tage brachen alle nach der Stadt auf und lebten dort in Frieden und Gesundheit, bis ihre Tage vorüber waren.

Man hört oft: „Die Frau ist halt eine Frau, sie hat keine Kraft und keinen Mut." Jetzt aber haben wir gesehen, dass eine Frau mit wenig Kraft, aber mit List, mehr erreichen kann als ein Mann, denn wäre sie nicht gewesen, hätte er sein Leben lang Ziegenhirt bleiben müssen.[32]

*Gegen den Strom schwimmen …*

## DIE STREITSÜCHTIGE FRAU

Ein Bauer hatte eine Frau, die war zwar schön, aber sie wollte immer etwas anderes als ihr Mann. Immer gab sie Widerworte und meinte, alles besser zu wissen. Wollte er die Wiese mähen, um Grünfutter zu holen: "Nein, hack erst Holz!" Wollte er Gerste säen, weil er an sein Bierchen dachte: "Nein, Hafer!" Und so ging es Tag für Tag. Jeden Tag hatten sie Zank miteinander! Der Mann bekam die

---

[32] Pauline Schullerus, Rumänische Volksmärchen aus dem mittleren Harbachtal. Bukarest: Kriterion 1977. Erzählfassung: H. C. Heim.

Frau über, und so begann er nachzudenken, wie er sie loswerden könnte.

An einem schönen Frühlingstag waren die beiden zusammen unterwegs und kamen an ein Flüsschen. Das Schmelzwasser im Frühjahr hatte die Brücke weggerissen, nur ein langer Balken lag über das Wasser.

„Na warte", dachte Wassili, „hier kriege ich dich!" – „Ich gehe zuerst!", sprach er. „Nein, ich!", rief sie, und schon war sie auf dem Balken. Als sie in der Mitte war, sagte er: „Sei vorsichtig, wackle nicht, sonst fällst du noch ins Wasser!" – „Nun wackle ich gerade!" schrie sie und stampfte mit dem Fuß auf. Der Balken kippte, plumps, lag sie im Wasser, ging unter und kam nicht wieder zum Vorschein.

Da tat sie dem Mann doch leid. Er brach sich einen Stecken aus dem Ufergebüsch, watete ins Wasser und begann zu suchen. Da kamen zwei Bauern am Ufer entlang, sahen sich das an dann riefen sie: „He, Alterchen, was machst du da, fischst du?" – „Freilich fische ich, nach meinem Frauchen fische ich, das unten bei der alten Brücke ins Wasser gefallen ist!" – „O, du Dummkopf!" riefen die beiden, „da musst du unterhalb der Brücke suchen; sie wird schon weit fortgetrieben sein, schnell, schnell!" – „Ach", entgegnete er und wiegte lächelnd den Kopf, „ihr kennt mein Frauchen nicht! Sie wird auch diesmal gegen den Strom geschwommen sein!"

Und richtig - er hat sie noch gefunden! Sie spuckte das bisschen Wasser aus, das sie geschluckt hatte, war schöner als je zuvor und hatte sogar noch einen prächtigen Fisch gefangen. So nahmen sich die beiden in die Arme, herzten und küssten sich, und setzten gemeinsam ihren Weg fort.

Der Erzähler Frank Jentzsch fügt hier gerne noch den letzten, schönen Satz hinzu: „Und daran erkennt man, dass eine Frau sich alles leisten kann, wenn sie nur einen Mann hat, der sie von Herzen liebt und weiß, dass Frauen ab und zu gegen den Strom schwimmen."[33]

*Ein Wort gibt das andere …*

## DER ZAUBERTRANK

Eine alte Pilgerin, die von den Gaben mitleidiger Menschen lebte, kam in ein Dorf, wo eine junge Frau schluchzend auf den Stufen vor ihrem Häuschen saß. „Warum musst du gar so arg weinen?" fragte die Alte. „Welches Unglück hat dich getroffen?" - „Ach, liebe Großmutter, mein Mann ist so böse! Kaum kommt er heim, so schimpft und tobt er. Und nun droht er sogar, mich zu schlagen! Das Fieber soll ihn holen!" - Und du, was machst du dann? Bist du dann ruhig?" – „Wo denkt ihr hin? Ich lasse mir doch nichts gefallen! Sagt er ein böses Wort, gebe ich ihm zehn zurück. Aber das hilft

---

[33] E. Pomeranza, Russische Märchen, Berlin 1963. Erzählfassung: H. C. Heim.

nichts, er tobt immer ärger!" Die Alte dachte nach und sagte dann: „Warte, vielleicht kann ich dir helfen!" Sie kramte in ihrem Bündel und brachte schließlich eine kleine Flasche hervor. „Darin ist ein Zaubertrank! Er ist angesetzt aus den sieben Kräutern, die hinter den sieben Bergen und hinter den sieben Flüssen wachsen, auf der dunklen Wiese am weißen Stein, am siebenten Tag nach der Sonnenwende. - Hör nun gut zu, meine Tochter, und befolge genau, was ich dir sage: Wenn dein Mann heimkommt, nimm ein kleines Schlückchen, schlucke es aber ja nicht hinunter, sondern behalte es im Munde, bis sein schwarzer Zorn verraucht ist. Du wirst sehen, das wird euch helfen!" Die junge Frau dankte und die Alte wanderte langsam weiter.

Nach einigen Wochen kam jene Pilgerin wieder in jenes Dorf. Die junge Frau sah sie und lief ihr freudestrahlend entgegen: „Euer Zauberwasser hat so gut geholfen! Ich kann euch nicht genug dafür danken! Mein Mann ist jetzt so freundlich, so freundlich, zu mir geworden! Wir lachen jetzt sogar oft miteinander! - Aber die Flasche ist nun fast leer. Habt ihr wieder einen neuen Zaubertrank für mich?" Die Alte lächelte, nahm der jungen Frau das Fläschchen aus der Hand, trat an den Brunnen, füllte es neu und gab es zurück. Da endlich begriff die junge Frau und konnte kaum aufhören zu lachen.[34]

---

[34] N. Gesse, Ukrainisches Märchen aus: Das Luchsfellchen, Berlin
o.J., Erzählfassung: H. C. Heim.

*Für deine Gäste nimm das Beste …*

## WIE BAUER GROSCHENKLAUBER GEBURTS-TAG FEIERTE

Es war einmal ein Bauer, der war so geizig, dass er niemandem etwas gönnte und sich selbst auch nicht. Er war hinter jedem Groschen her wie der Teufel hinter einer sündigen Seele. Die Leute hatten seinen richtigen Namen längst vergessen, niemand nannte ihn anders als Bauer Groschenklauber.

Nun rückte der Geburtstag des Bauern Groschenklaubers näher und er hoffte, hier umsonst zu einem guten Wein zu kommen. So schlug er seinen Schwiegersöhnen vor, dass er ihm jeder zum Geburtstag doch einen Bottich Wein schenken möge.

Da sagte sich der älteste Schwiegersohn: „Wenn die beiden jüngeren je einen Bottich Wein schenken, könnte ich dem Bauern einfach Wasser bringen. Und wenn man den Wein aus allen Bottichen zusammenschüttet, wird es niemand merken." Doch auch den jüngeren Schwiegersöhnen tat es um den Wein leid, sie hatten den gleichen Einfall. Inzwischen hatte Bauer Groschenklauber im Hof eine große Tonne bereitgestellt, in die sollten die Schwiegersöhne den geschenkten Wein gießen. Bauer Groschenklauber wollte dabei selbst den Anfang machen. „Aber meinen Wein hineinzugießen, das wäre doch ewig schade. Ich will ein bisschen Wasser hineinschütten, niemand wird etwas merken." Und das tat er dann auch.

Am Geburtstag kamen die Schwiegersöhne zum Schwiegervater und beglückwünschten ihn. Jeder leerte, wie besprochen, den Inhalt seines Bottichs in die Tonne. Es wurde Mittag. Auf dem Tisch standen in dampfenden Schüsseln die Speisen.

„Ich will jetzt einmal ein Gläschen leeren", sagte der Bauer Groschenklauber und trank mit Lust. Doch bald schüttelte er sich vor Abscheu. denn es war pures Wasser, aber er sagte laut: „Das ist aber wirklich ein vorzüglicher Wein, alles was Recht ist!" Nun schenkten sich auch die Schwiegersöhne die Gläser voll und tranken mit Lust. „Aber das ist doch pures Wasser", dachte sich jeder, doch sie ließen sich nichts anmerken, sondern lobten den Wein überschwänglich. „Den muss ich auch kosten, wenn alle ihn so lieben", sagte sich der Knecht, und heimlich tat er einen tiefen Zug. Doch sofort spuckte er das Zeug wieder aus. „Pfui T!", machte er seinem Herzen Luft, „ich verstehe nicht, was die feinen Herrschaften an so einem Gesöff finden!"[35]

*Nicht jeder muss ein Poet sein*

## DIE DREI REIMER

In einem Hause waren drei Töchter. Die älteste heiratete einen Doktor, die zweite heiratete einen

---

[35] Milada Stovickova, Chinesische Volksmärchen, 1968. Erzählfassung: H.C. Heim.

Magister, die dritte aber, die selbst klug war und geschickt im Reden, heiratete einen Bauer.

Nun traf es sich, dass ihre Eltern Geburtstag feierten. Da kamen alle drei Töchter mit ihren Männern, um ihnen Glück und langes Leben zu wünschen. Die Schwiegereltern bereiteten für sie ein Mahl und tischten ihnen Geburtstagswein auf. Der Älteste aber, welcher wusste, dass der dritte Schwiegersohn die Schule nicht besucht, wollte ihn in Verlegenheit bringen.

„Das ist doch gar zu langweilig", sagte er, „wenn wir nur so trinken; wir wollen ein Trinkspiel machen. Auf die Worte: am Himmel – auf Erden – am Tische – im Zimmer – soll jeder ein Gedicht machen, das sich reimt und Sinn hat. Wer's nicht kann, der muss zur Strafe drei Gläser leeren."

Alle Anwesenden waren zufrieden. Nur der dritte Schwiegersohn kam in Verlegenheit und wollte durchaus gehen. Aber die Gäste ließen ihn nicht fort und nötigten ihn zum Sitzen.

Da begann der älteste Schwager: „Ich will mit dem Reimen anfangen. Ich sage:

Am Himmel stolz der Phönix fliegt,
Auf Erden zahm das Schäflein liegt,
Am Tische les ich alte Weise,
Im Zimmer ruf der Magd ich leise."

Der zweite fuhr fort: „Und ich sage:

Am Himmel fliegt die Turteltaube,
Auf Erden wühlt der Ochs im Staube,
Am Tisch studiert man, was gewesen,
Im Zimmer führt die Magd den Besen."

Der dritte Schwiegersohn aber stotterte und brachte nichts hervor. Als alle ihn nötigten, da brach er mit grobem Ton heraus:

„Am Himmel fliegt die Kugel Blei,
Auf Erden geht ein Tiger,
Am Tische liegt die Schere,
Im Zimmer ruf ich dem Stallknecht."

Die beiden Schwäger klatschten in die Hände und begannen laut zu lachen.

„Die vier Zeilen reimen sich ja gar nicht", sagten sie, „und außerdem ist kein Sinn darin. Eine Bleikugel ist doch kein Vogel, der Stallknecht tut seine Arbeit draußen, willst du ihn etwa zu dir ins Zimmer hereinrufen? Unsinn, Unsinn! Trink' aus!"

Aber noch ehe sie fertig geredet hatten, da hob die dritte Tochter den Vorhang des Frauengemachs und trat heraus. Sie war ärgerlich, konnte aber doch ein Lächeln nicht unterdrücken.

„Wieso haben wir keinen Sinn in unseren Zeilen?" sagte sie. „Hört nur zu, ich will's euch erklären: Am Himmel wird die Bleikugel euren Phönix und eure Turteltaube abschießen. Auf Erden wird der Tiger euer Schaf und den Ochsen fressen. Am Tisch die Schere wird eure alten Schmöker zerschneiden. Im Zimmer der Stallknecht endlich, nun – der kann die Magd heiraten."

Da sagte der älteste Schwager: „Gut gescholten! Schwägerin, du weißt zu reden. Du könntest den

Doktor machen! Wir wollen zur Strafe unsere drei Gläser leeren."[36]


*Was wichtig scheint, was wichtig ist*

## WAS WIR ZUM LEBEN BRAUCHEN

Es war einmal ein König, der hatte drei Töchter, die er alle drei recht herzlich liebte, weil sie brav und schön waren. Er wusste nun nicht, welche von den dreien er zur Königin bestimmen sollte. Als sein Geburtstag vor der Türe stand, ließ er die Töchter vor sich kommen und sprach zu ihnen: "Meine lieben Kinder, ich hab' euch alle drei recht herzlich gern und wusste lange nicht, welche von euch ich zur Erbin meines Thrones einsetzen sollte. Nun aber bin ich mit mir eins geworden, dass diejenige von euch, welche mir etwas zu meinem Geburtsfest bringt, was im menschlichen Leben höchst notwendig ist, Königin werden soll. Geht also und bedenkt euch die Sache mit allem Fleiß!"

Als der Geburtstag des alten Königs herankam, da schenkten ihm die zwei ältesten Töchter kostbare Dinge: Edelsteine und Perlen, denn ohne diesen Reichtum wäre sein Königtum nicht möglich. Die jüngste aber brachte in einem verzierten Gefäß nichts weiter als ein Häuflein Salz. Wie der König ihr Geschenk sah, ward er über und über zornig, jagte seine Tochter aus dem Schloss und verbot ihr, sich jemals wieder unter seine Augen zu wagen.

---

[36] R. Wilhelm, Chinesische Märchen, 1914, Nr.2, leicht bearbeitet.

Die verstoßene Königstochter zog nun mit tiefem Kummer in die ihr unbekannte Welt hinaus, aber sie war sich sicher in dem, was sie gewählt und getan hatte. Nachdem sie eine gute Zeit so fortgegangen war, kam sie zu einem Wirtshause. Da fand sie eine wackere Wirtin, die das Kochen von Grund aus verstand. Bei dieser ging sie in die Lehre und brachte es bald so weit, dass sie die Wirtin in der Kochkunst um ein gutes übertraf. Man redete nun weitum von der vortrefflichen Köchin, die in diesem Wirtshause sei, und jedermann, der des Weges kam und noch ein paar übrige Kreuzer in der Tasche klingen hörte, kehrte ein, um sich einen Braten oder was Vornehmeres geben zu lassen.

Der Ruf der berühmten Köchin drang auch zu den Ohren des Königs und bewog ihn, dieselbe als Hofköchin anzunehmen. Da trug es sich zu, dass die älteste Königstochter Hochzeit hatte und die berühmte Köchin das Hochzeitsmahl mit allem Aufwande bereiten musste. Am Hochzeitstage wurde also die eine vornehme Speise nach der andern aufgetragen, so dass fast der Tisch krachte. Alles war vortrefflich gekocht und das Lob der Köchin ging von Mund zu Munde. Endlich kam auch die Lieblingsspeise des Königs. Dieser nahm schnell seinen Löffel und verkostete. "Die Speise da ist nicht gesalzen," rief er zornig, "lasst die Köchin kommen!"

Man lief also schnell um die Köchin und diese trat unerschrocken in den Saal. "Mädel, warum hast du meine Lieblingsspeise zu salzen vergessen?" herrschte sie der König gleich an. Die Köchin aber

antwortete: "Ihr habt ja eure jüngste Tochter versto-
ßen, weil sie das Salz für so notwendig hielt. Seht
ihr jetzt vielleicht ein, dass euer Kind so unrecht
nicht hatte?"

Wie der König diese Worte hörte, erkannte er seine
Tochter, bat sie um Verzeihung, hieß sie an seine
Seite sitzen und nahm sie wieder als sein liebes
Kind auf. Jetzt wurde die Hochzeit erst recht fröh-
lich und der König lebte noch viele Jahre nach dem
Hochzeitstage freudig und liebevoll bei seinen Kin-
dern.[37]

*Warum ist das Leben so, wie es ist?*

## DAS BUCH AUS REINEM SILBER

Es waren einmal zwei Brüder. Der eine war arm
und hatte viele Kinder. Doch obwohl er fleißig arbeitete, konnte er sie nicht satt bekommen und war
selbst auch immer hungrig.
Der andere Bruder war reich, hatte viele Diener und
reiche Freunde, ja, selbst der Khan war manchmal
bei ihm zu Gast.
Einmal kam der arme zum reichen Bruder, um etwas Fleisch für seine Kinder zu erbitten, aber nur
dessen Frau war zu Hause. Sie nahm einen Stock
und prügelte den Armen hinaus. Da dachte der:
„Warum geht es mir so schlecht? Gott liebt mich
nicht, er hat kein Erbarmen mit mir! Gott hilft nur

---

[37] I. + J. Zingerle, Kinder und Hausmärchen aus Tirol, Schwick
1911, Nr. 31: Notwendigkeit des Salzes. Leicht bearbeitet.

den Reichen!" Daheim nahm er eine Axt und haute aus einem Birkenstamm eine gewaltige Keule zu und wuchtete sie auf die Schulter. Er wanderte nach Osten, über Berge, durch Steppen und Wälder. Unterwegs hielt er immer wieder scharf Ausschau, ob er wohl Gott irgendwo fände.

Auf einem Bergsattel sah er einen alten Mann auf einem Schimmel heranreiten, der grüßte ihn und fragte: „Wohin des Weges mit dieser schweren Keule?" – „Ich suche Gott! Ich bin zornig und will mich beschweren, weil er nur den Reichen hilft!" - „Ich will dir beistehen! Steig hinter mir auf", sprach der Alte. Sie ritten lange, aber Gott konnten sie nicht finden. Schließlich sagte der Alte, er müsse nun heimreiten und schenkte dem Armen ein Buch aus reinem Silber.

Der Arme kam heim, betrat seine Jurte und begann, aus dem Buch vorzulesen: „Fleisch, Sahne, Milch!" Und was sah er? Genau diese Dinge standen auf dem Tisch! Es war genug für sie alle da. Dann las der Arme: „Brot, Butter, Honig!" – und auch das erschien sogleich auf dem Tisch. Das Buch hatte viele Wörter und was immer der Arme vorlas, das erschien. Sie aßen sich satt, dann schlug der Arme das Buch zu und der Tisch war wieder leer.

Die Frau des Reichen erfuhr von dem Buch und ließ ihrem Mann keine Ruhe mehr: „Geh zu deinem Bruder und bringe das silberne Buch an dich! Wenn er es nicht hergibt, dann kauf es ihm ab. Wenn er es nicht verkaufen will, nimm es mit Gewalt! Wir könnten das Buch so gut brauchen für unsere vornehmen Gäste!"

Der reiche Bruder ritt also zu dem armen Bruder und bat: „Verkaufe mir doch das silberne Buch! Ich bitte dich als Bruder! Im Namen unserer Mutter bitte ich dich, verkaufe es mir!" Schließlich gab der Arme nach und willigte ein: „Na ja, wenn's sein muss, verkaufe ich es dir!" – „Wieviel willst du dafür haben?" – „Ich verlange dreihundert Rubel!". Der Reiche war damit mehr als einverstanden, gab ihm die Hand darauf, zahlte sogleich das Geld, nahm das Buch aus reinem Silber und ritt davon.

Die Frau des Reichen lud nun alle vornehmen Beys und auch den Khan[38] zu einem Gastmahl ein. Pausenlos musste der Hausherr aus dem silbernen Buch vorlesen, denn die Gäste wünschten sich immer neue Leckerbissen.

Dem Armen aber ging wieder das Geld aus. Diesmal schnitzte er sich zwei Keulen, wuchtete sie auf die Schultern und wanderte wieder los, um Gott zu suchen. Wieder begegnete er dem alten Mann, wieder ritten sie gemeinsam auf dem Schimmel, aber Gott fanden sie nicht. Zum Abschied schenkte der Alte ihm diesmal ein Buch aus purem Golde. Der Arme freute sich sehr. Heimgekehrt ließ er Frau und Kinder am Tisch Platz nehmen und schlug das goldene Buch auf. Es war leer, aber zwei Knüppel sprangen heraus und schlugen auf alle ein, nach rechts und links, nach oben und unten. Endlich gelang es dem Armen, das Buch wieder zuzuschlagen, da waren die Knüppel verschwunden.

Die Frau des Reichen hörte von dem goldenen Buch und verlangte vom Mann: „Bring das goldene Buch! Ich will das goldene Buch haben! Das goldene Buch

---

[38] Bey und Khan sind türkisch-mongolische Herrschertitel.

muss her!" Sie gab überhaupt keine Ruhe mehr, weder bei Tag noch bei Nacht. Der reiche Bruder ritt also zum armen Bruder. „Verkaufe mir doch auch das goldene Buch! Was wollt ihr denn damit?" – „Wir werden es noch brauchen können! Die Kinder essen so gerne etwas Süßes!" – „Wenn du es mir nicht verkaufst, sage ich es dem Khan. Der schickt dir dann seine Soldaten!" – „Nun, so muss ich es dir wohl oder übel verkaufen. Aber diesmal will ich alle deine Pferde und alle deine Schafe dafür." Die Frau des Reichen hatte hinter der Wand zugehört. Sie erschrak, doch sie flüsterte ihrem Mann zu: „Schlag ein! Das goldene Buch wird uns reicher machen als der Khan es ist!" Also wurde der Verkauf mit Handschlag besiegelt.

Am nächsten Tag versammelten sich die Beis, Fürsten und auch der Khan mit seiner Frau beim reichen Bruder. Alle saßen um den Tisch und erwarteten die Leckerbissen aus dem goldenen Buch. Der Hausherr öffnete das goldene Buch, die Knüppel sprangen heraus: „Bumm, bumm! Klapp, klapp!" Sie schlugen den Gästen auf Rücken und Gesäß, auf Arme und Beine und überall hin, so dass sie laut schrien. Endlich gelang es dem Reichen, das Buch wieder zuzuschlagen. Die Gäste reisten ab und er ging mit den beiden Büchern zu seinem Bruder. „Bruder, wir haben einen Fehler gemacht, verzeih mir und meiner Frau! Nimm diese Bücher zurück, sie gehören dir und deiner Familie." Der Arme willigte ein und gab seinem Bruder die Tiere zurück: „wir brauchen sie nicht mehr, wir haben nun genug". Und ein Wind strich über die Erde und der Staub tanzte in der Steppe.[39]

*Die Hoffnung nicht aufgeben*

## DAS GLÜCK DES HOLZFÄLLERS

Ein armer Holzfäller lebte mit seiner Frau und seinen Kindern in einer kleinen Hütte am Waldrand. Er fällte Bäume, schnitt Bretter zu und hackte Holz. Das war eine harte Arbeit, viel Schweiß für wenig Lohn. Dennoch drang am Abend oft Lachen und Singen aus dem kleinen Haus, sodass die Nachbarn sich wunderten. Auch der König, der oft an dieser Hütte vorbeifuhr, hörte das Singen und Lachen. Anfangs wunderte er sich, dann ärgerte er sich und zuletzt war er ganz empört: „Was haben Tagelöhner so zu lachen?!"

Er schickte einen Hauptmann hin. „Höre, Holzhacker, dies befiehlt dir unser Herr, der König: Füll fünfzig Säcke mit Sägemehl bis morgen früh! Und wenn du das nicht kannst, dann verlierst du dein Leben - und deine Frau und deine Kinder auch!" – „Fünfzig Säcke mit Sägemehl? Das ist unmöglich! Ach, wir sind verloren!" Die Frau aber tröstete den Mann: „Mein Lieber, wir haben doch ein gutes Leben gehabt. Wir hatten uns und unsere Kinder, wir hatten Freunde und Freude genug. Die fünfzig Säcke können wir doch nicht bis zum Morgen füllen.

---

[39] *Ein Märchen der Chakassen / Sibirien aus: Das Buch aus reinem Silber, V. Gazak und J. Eloperin, Düsseldorf 1984. Erzählfassung: H. C. Heim und J. Wagner.*

Darum lass uns in dieser Nacht noch einmal das Leben feiern. So, wie wir gelebt haben, so wollen wir auch sterben!" Sie riefen ihre Kinder und luden ihre Freunde ein und feierten noch einmal ein fröhliches Fest, ja, noch einmal waren sie ganz glücklich.

Dann schliefen die Kinder ein, die Freunde gingen und zuletzt stand der Holzfäller mit seiner Frau allein am Fenster und wartet auf die Morgensonne. Da fiel es der Frau schwer auf's Herz: „Ach, es ist schwer, das Leben zu lassen, wenn es so glücklich war!" – „Lass gut sein, Frau! Es ist doch besser, mit Dank im Herzen zu sterben, als weiterzuleben in steter Angst und Traurigkeit." In diesem Augenblick klopfte es an die Tür. Der Mann umarmte noch einmal seine Frau, dann öffnete er. Draußen stand der Hauptmann des Königs. Nur zögernd trat er ein und lange schwieg er. „Höre, Holzhacker, schneide eichene Bretter zu für einen Sarg. In dieser Nacht ist der König gestorben."[40]

*Froh zu sein bedarf es wenig …*

## DAS GLÖCKCHEN

Ein alter Mönch lebte einst in einen Tempel bei einem Städtchen am Meer. Er saß oft stundenlang in der Veranda des Tempels mit dem Blick hinaus in die Weite des Meeres. Am Dach der Veranda hing

---

[40] Nach: Trau deiner Sehnsucht mehr als deiner Verzweiflung, Heinrich Dickerhoff, Mainz 2001, Erzählfassung: H. C. Heim.

116

ein silbernes Glöckchen an einem breiten Streifen Papier, auf dem ein wunderschönes Gedicht geschrieben stand. Sobald der Wind nur ein kleines bisschen wehte - und am Meer weht er ständig - bewegte sich das Papier, und das silberne Glöckchen läutete gar lieblich. So saß der alte Mönch auf der Veranda, schaute auf das Meer, lauschte dem Läuten des silbernen Glöckchens und lächelte zufrieden. Er brauchte nicht mehr als in diesem Moment da zu sein und alles war in Frieden.

In dem gleichen Städtchen lebte auch der Apotheker Mohej. Er war vom Pech verfolgt, ihm misslang einfach alles, und er war so traurig, dass er sich nicht mehr zu helfen wusste. In seiner Not machte er sich eines Tages auf den Weg zu dem Mönch, um seinen Rat zu erfragen. Als er aber den Alten so zufrieden auf seiner Veranda sitzen sah und das beruhigende Läuten des silbernen Glöckchens hörte, dachte er, dass dieses Glöckchen auch ihn froher machen würde, wenn er so dasitzen und ihm zuhören könnte. Er überlegte nicht lange und bat den Mönch, ihm das Glöckchen wenigstens für einen einzigen Tag zu überlassen.

„Warum sollte ich es dir nicht leihen", sagte der Mönch freundlich. „Aber vergiss nicht, es gleich morgen früh wieder zu bringen, denn ohne das Glöckchen wäre ich sehr traurig."

Mohej dankte ehrerbietig und versprach, am nächsten Tag wieder zu kommen. Dann ging er nach Hause und hängte das Glöckchen an seiner Terrasse auf. Es begann zu läuten, und Mohej wurde es so leicht ums Herz, und die Welt erschien ihm auf einmal so schön, dass er zu tanzen begann.

Am nächsten Tag war der Mönch schon vom Morgen an übel gelaunt. Immer wieder ging er vor den Tempel und schaute nach dem Apotheker aus. Aber Mohej kam und kam nicht. So verging eine Stunde, eine zweite, und als der Apotheker zu Mittag noch immer nicht mit dem Glöckchen erschienen war, rief der Mönch seinen jungen Schüler Taro und befahl ihm: „Lauf in die Stadt zu dem Apotheker Mohej. Er hat sich gestern mein silbernes Glöckchen geliehen und sollte es heute früh zurückbringen. Erinnere ihn daran und sage ihm, dass ich schon auf ihn warte."

Taro lief zu dem Apotheker, aber kaum war er in dessen Garten getreten, blieb er stehen. Er hörte das fröhliche Läuten des Glöckchens und sah den Apotheker, der mit fliegenden Ärmeln im Garten herumtanzte. Taro wusste nicht gleich, wie er ihn ansprechen sollte. Da wurde auch ihm auf einmal so fröhlich ums Herz, dass auch er zu tanzen begann. Eine Stunde verging, eine zweite - der Apotheker war immer noch nicht erschienen, und Taro kam auch nicht zurück.

Der alte Mönch schüttelte den Kopf, und weil er immer trauriger wurde, rief er seinen zweiten Schüler, Dschiro, und befahl ihm: „Lauf zu dem Apotheker Mohej und sage ihm, er möge mir mein silbernes Glöckchen zurückgeben. Und solltest du unterwegs Taro begegnen, so richte ihm aus, er solle sich schämen, seinem Lehrer so schlecht zu gehorchen."

Dschiro lief, so schnell er nur konnte. Als er zum Haus des Apothekers kam, hörte er fröhliches Geläut und sah zu seiner Verwunderung den Apotheker und Taro im Garten tanzen. Und ehe er sich noch entscheiden konnte, ob er zuerst Taro für sein Versäumnis rügen oder den Apotheker an die Rückgabe des Glöckchens mahnen sollte, drehte auch er sich im Kreise und vergaß die Welt.

Wieder war eine Stunde vergangen und bald auch die zweite. Die Sonne neigte sich schon dem Horizont zu. Aber weder der Apotheker noch einer der beiden Schüler ließ sich blicken. Der alte Mönch konnte sich das nicht erklären. Er wurde so traurig wie nie zuvor. Schließlich hielt er es nicht mehr aus. Er zog seine Sandalen an und machte sich selbst auf den Weg zum Hause des Apothekers. Noch ehe er in den Garten trat, hörte er das zarte Läuten seines geliebten Glöckchens und fröhliches Lachen. Und bald darauf sah er, wie sich der Apotheker und seine beiden Schüler an den Händen hielten. Sie tanzten nach links und dann wieder nach rechts, und ein seliges Lächeln lag auf ihren Gesichtern.

Der Mönch schüttelte den Kopf und wusste nicht recht, wie er sich das erklären sollte. Aber er wunderte sich nicht lange. Auf einmal war auch all seine Ungeduld und Traurigkeit verflogen, die Füße begannen von allein zu hüpfen, der Mönch lächelte dem Apotheker zu, reichte die eine Hand Taro und die andere Dschiro, und dann tanzten sie alle vier. - Nun, so ein Glöckchen hätte wohl jeder gern. Wie würde es klingen? Vielleicht schließen wir einmal die Augen, stellen es uns vor und versuchen, ob wir es nicht auch hören könnten.[41]

## VIII   *Für alle Tage und gesellschaftliche Anlässe*

*Ein ‚Schlawiner' und zwei Hühner*

### DIE KLUGE GRETEL

*E*s war eine Köchin, die hieß Gretel, die trug Schuhe mit roten Absätzen, und wenn sie damit ausging, so drehte sie sich hin und her, war ganz fröhlich und dachte: 'du bist doch ein schönes Mädel.' Und wenn sie nach Hause kam, so trank sie aus Fröhlichkeit einen Schluck Wein, und weil der Wein auch Lust zum Essen macht, so versuchte sie das Beste, was sie kochte, so lang, bis sie satt war, und sprach: 'die Köchin muss wissen, wie das Essen schmeckt.'

Es trug sich zu, dass der Herr einmal zu ihr sagte: 'Gretel, heut Abend kommt ein Gast, richte mir zwei Hühner fein wohl zu.' 'Will's schon machen, Herr,' antwortete Gretel. Nun stach sie die Hühner ab, brühte sie, rupfte sie, steckte sie an den Spieß, und brachte sie, wie's gegen Abend ging, zum Feuer, damit sie braten sollten. Die Hühner fingen

---

[41] M. Novak, Z. Cerna, Japanische Märchen und Volksmärchen, 1972. Erzählfassung: JW.

an, braun und gar zu werden, aber der Gast war noch nicht gekommen. Da rief Gretel dem Herrn: 'kommt der Gast nicht, so muss ich die Hühner vom Feuer tun, ist aber Jammer und Schade, wenn sie nicht bald gegessen werden, wo sie am besten im Saft sind.' Sprach der Herr: 'so will ich nun selbst laufen und den Gast holen.' Als der Herr den Rücken gekehrt hatte, legte Gretel den Spieß mit den Hühnern beiseite und dachte: 'so lange da beim Feuer stehen macht schwitzen und durstig, wer weiß, wann die kommen! Derweil spring ich in den Keller und tue einen Schluck.' Lief hinab, setzte einen Krug an, sprach: 'Gott segne es dir, Gretel,' und tat einen guten Zug. 'Der Wein hängt aneinander,' sprach sie weiter, 'und ist nicht gut abbrechen,' und tat noch einen ernsthaften Zug. Nun ging sie und stellte die Hühner wieder übers Feuer, strich sie mit Butter und trieb den Spieß lustig herum. Weil aber der Braten so gut roch, dachte Gretel: 'es könnte etwas fehlen, versucht muss es werden!' Sie schleckte mit dem Finger und sprach: 'ei, was sind die Hühner so gut! Ist ja Sünd und Schand, dass man sie nicht gleich isst!' Lief zum Fenster, ob der Herr mit dem Gast noch nicht käme, aber es sah niemand: stellte sich wieder zu den Hühnern, dachte: 'der eine Flügel verbrennt, besser ist's, ich ess ihn weg.' Also schnitt sie ihn ab und aß ihn auf, und er schmeckte ihr, und wie sie damit fertig war, dachte sie: 'der andere muss auch herab, sonst merkt der Herr, dass etwas fehlt.' Wie die zwei Flügel verzehrt waren, ging sie wieder und schaute nach dem Herrn und sah ihn nicht. 'Wer weiß,' fiel ihr ein, 'sie kommen wohl gar nicht und sind wo eingekehrt.' Da sprach sie: 'hei, Gretel, sei guter Dinge, das eine ist doch angegriffen, tu noch einen frischen Trunk und iss es vollends auf, wenn's all ist, hast du Ruhe: warum soll die gute Gottesgabe umkommen?' Also lief sie noch einmal in den Keller, tat einen ehrbaren Trunk, und aß das eine Huhn in aller Freudigkeit auf. Wie das eine Huhn hinunter war und der Herr noch immer nicht kam, sah Gretel das andere an und sprach: 'wo das eine ist, muss das andere auch sein, die zwei gehören zusammen: was dem einen recht ist, das ist dem andern billig; ich glaube, wenn ich noch einen Trunk tue, so sollte mir's nicht schaden.' Also tat sie noch einen herzhaften Trunk, und ließ das zweite Huhn wieder zum andern laufen.

Wie sie so im besten Essen war, kam der Herr daher gegangen und rief: 'eil dich, Gretel, der Gast kommt gleich nach.' 'Ja, Herr, will's schon zurichten,' antwortete Gretel. Der Herr sah indessen, ob der Tisch wohl gedeckt war, nahm das große Messer, womit er die Hühner zerschneiden wollte, und wetzte es auf dem Gang. Indes kam der Gast, klopfte ordentlich und höflich an der Haustüre. Gretel lief und schaute, wer da war, und als sie den Gast sah, hielt sie den Finger an den Mund und sprach: 'still! still! macht geschwind, dass Ihr wieder fortkommt, wenn Euch mein Herr erwischt, so seid Ihr unglücklich; er hat Euch zwar zum Nachtessen eingeladen, aber er hat nichts anders im Sinn, als Euch die beiden Ohren abzuschneiden. Hört nur, wie er das Messer dazu wetzt.' Der Gast hörte das Wetzen und eilte, was er konnte, die Stiegen wieder hinab. Gretel war nicht faul, lief schreiend zu dem Herrn und rief: 'da habt Ihr einen schönen Gast eingeladen!' 'Ei, warum, Gretel? was meinst du damit?' 'Ja,' sagte sie, 'der hat mir beide Hühner, die ich eben auftragen wollte, von der Schüssel genommen und ist damit fortgelaufen.' 'Das ist feine Weise!' sprach der Herr, und es ward ihm leid um die schönen Hühner, 'wenn er mir dann wenigstens das eine gelassen hätte, damit mir was zu essen geblieben wäre!' Er rief ihm nach, er sollte bleiben, aber der Gast tat, als hörte er es nicht. Da lief er hinter ihm her, das Messer noch immer in der Hand, und schrie: 'nur eins! nur eins!' und meinte, der Gast sollte ihm nur ein Huhn lassen und nicht alle beide nehmen: der Gast aber meinte nicht anders, als er sollte eins von seinen Ohren hergeben, und lief, als wenn Feuer unter ihm brennte, damit er sie beide heim brächte.[42]

*Eine Frau mit Esprit und Courage*

## DER UNTREUE VERWALTER

Als eine Frau einmal in Istanbul spazieren ging, sah sie vor der Tür einer Moschee einen Kurden, der weinte. „Warum weinst du?" fragte sie. Da erzählte er: „Ich habe mein Geld bei einem Verwalter hinterlegt, und nun leugnet er es mir ab." „Sei ohne Furcht!" sagte sie, „ich werde dir dein Geld wieder zurückbringen." Sie ging nach Hause, machte sich zurecht, nahm ein Kästchen mit Gewändern und Geld und begab sich zum Herrn Verwalter. Zu dem Kurden sagte sie: „Nachdem ich eingetreten bin, komme auch du und verlange dein Geld zurück", und zu ihrem Dienstmädchen: „Sobald der Kurde

---

[42] Brüder Grimm, KHM 77, leicht bearbeitet.

sein Geld bekommen hat, komme du und sage: ‚Der Herr ist gekommen'."

Als der Verwalter die schöne, geputzte Frau und bei ihr das Kästchen mit dem vielen Geld sah, kam er ihr mit großem Respekt entgegen. Sie sagte nun: „Mag dies bei dir deponiert sein; ich reise nämlich zu meinem Manne nach Bassra, und der Weg ist von Räubern nicht sicher."

Darauf trat der Kurde ein und forderte sein Geld zurück. Der Verwalter wollte seine Zuverlässigkeit unter Beweis stellen und händigte mit höflichen Worten ihm all sein Geld aus. Hernach kam die Dienerin jauchzend und tanzend herbei und rief: „Gnädige Frau! Der Herr ist gekommen!" Da nahm die Frau das Kästchen zurück und sprach zum Verwalter: „Da mein Mann zurückgekommen ist, brauche ich die Wertsachen nicht mehr bei dir in Verwahrung zu geben", und sie begann zu tanzen, samt dem Dienstmädchen und dem Kurden. Als nun der Verwalter sie tanzen sah, sprang auch er auf und tanzte mit. Da sprach die Frau zum Verwalter: „Ich tanze, denn mein Mann ist gekommen; die Dienerin tanzt, denn ihr Herr ist gekommen; der Kurde tanzt, denn er hat sein Geld wiederbekommen: warum tanzt du aber?" Darauf erwiderte der Verwalter: „Auch ich tanze, weil ich noch nie eine solche Schelmin erlebt habe wie dich."[43]

---

[43] M. Lidzbarski, Geschichten und Lieder aus den neuaramäischen Handschriften, Weimar 1896, bearbeitet vom Vf.

## DAS DRANGSALIERTE DORF

Aldar-Kosse war einmal guter Dinge, griff zur Dombra, und da er ein guter Reiter war, ritt er spielend und singend sorglos dahin. Er hatte keine Eile. Weder im Schritt noch im Trab erreichte er dann schließlich ein großes Dorf. Die Leute aus dem Dorf kamen ihm sogleich entgegen und fuchtelten mit den Händen: „Schweige, Aldaken, schweige! In unserem Dorf darf nicht gesungen werden."

„Darf nicht gesungen werden?" Aldar richtete sich in seinem Sattel auf. „Warum denn nicht? Traurig ist eine Wohnstatt ohne Herrn, noch trauriger eine Siedlung ohne Lied. Oder hat euch ein Unglück ereilt?" „Ein wahres Unglück, mein Lieber, schlimmer als die schwarzen Pocken .... In unserem Dorf hat sich ein Mullah[44] eingenistet. Bald ist ein Jahr verstrichen, er denkt aber nicht ans Weggehen. Wir haben hier einen gottesfürchtigen Hodscha Jussup, bei dem wohnt der Mullah. Ist Jussups Gast, aber frisst und säuft das Unsere. Bringt das ganze Dorf auf den Hund. Und die beiden Nichtstuer sitzen den lieben langen Tag über dem Koran und zwingen uns zum Beten und zum Fasten. Sie verboten uns zu singen, zu scherzen und zu lachen. Wir wohnen wie in der Moschee: Kinder dürfen nicht spielen, junge Leute dürfen nicht ausgelassen sein, die Alten dürfen sich nicht über die Kinder

---

[44] Worterklärungen:. Mullah ist ein islamischer Gelehrter, Hodscha ein einfacher islamischer Religionsgelehrter. Die Jurte ist das traditionelle Rundzelt der Nomaden in Zentralasien.

freuen. Nicht nur für ein Lied, für ein Lächeln droht der Mullah mit der Strafe des Propheten und mit ewigen Qualen … ."

„Da seid ihr aber übel dran", bemerkte Aldar-Kosse. „Nichts ist schlimmer, als dem Lied den Mund zu verbieten. Was haltet ihr davon, wenn ich versuche, den Mullah zu verscheuchen?"

„Für diese Worte wünschen wir dir hundert Jahre Leben, tapferer Reiter! Verjagst du den Mullah, gibst du uns Licht und Freude wieder."

„Nun zeigt mir mal, wo der Mullah wohnt."

Vor der Jurte des Hodscha Jussup hustete Aldaken, atmete tief ein und begann mit einer hässlichen Stimme: „Im Namen Allahs, des Einzigen, Allmächtigen, Allbarmherzigen, Allwissenden, des Herren der Welt, des Schöpfers aller Dinge, des Ewigen, des Weisen, des Gnädigen, des Ruhmreichen, des Vollkommenen … ." Aus der Jurte trollte sich ein untersetzter Mann mit Turban, eckig wie eine Truhe, und fragte ärgerlich: „Was willst du, Fremder?"

„Gestatten Sie zu fragen, ob nicht Ihr der gottesfürchtige Hodscha Jussup, Zierde der Frommen seid?" Aldar-Kosse verbeugte sich vor ihm. „Ja, das bin ich", antwortete der Mann mit Turban ein wenig freundlicher. "Gottesfürchtiger Hodscha, wohnt nicht bei Euch der ehrwürdige Mullah, der treueste aller Diener des Propheten?"

„Bei mir. Was willst du von ihm?"

„Dank sei Allah, dass ich endlich den ehrenwerten Mullah gefunden habe!" sagte Aldar-Kosse und rollte dabei die Augen. „Ich brachte dem Heiligen Vater ein Geschenk", setzte er so laut fort, dass es in der Jurte zu hören war, „ein herrliches Geschenk, so eines hat er noch nie erhalten. Ich bitte, Euer Gnaden, geben Sie ihm d a s ..." Hiermit versetzte Aldar-Kosse dem Hodscha vom Sattel herunter eine solche Ohrfeige, dass der fast umgefallen wäre. Dem Hodscha verschlug es vor Schreck die Sprache, Aldar-Kosse trieb sein Pferd mit der Peitsche an und war schnell verschwunden.

Sich die Wange haltend und den Bauch voller Wut kehrte Hodscha Jussup in die Jurte zurück. Der Mullah ließ keinen Blick von ihm. Sogleich bemerkte er, dass der Hodscha nichts in den Händen hielt, und dachte: Der Gauner hat das Geschenk an der Brust versteckt. „Wer war denn das?" fragte der Mullah argwöhnisch. „Ach, so ein Ruchloser", brummte der Hodscha finster. „Ein Ruchloser preist Allah nicht mit solchen Worten", entgegnete der Mullah gereizt. „Und was hat er dir gesagt?"

„Lohnt es sich, die Worte jedes Sünders zu wiederholen?" Nun war der Mullah sicher, dass der Hodscha ihn an der Nase herumführte. „Du hältst den für einen Sünder, der seinen Mullah ehrt und ihm nach der Eingebung Allahs Geschenke bringt? Keine Hinterlist! Ich habe nämlich euer Gespräch belauscht. Rück sofort das Geschenk heraus!"

Der Hodscha lief vor Zorn rot an, aber er beherrschte sich. „Ich schwöre beim Propheten, dass ich das nicht tun kann, Heiliger Vater. Fordere von mir nicht das Unmögliche."

„Wie?" fragte der Mullah außer sich vor Wut. „Du willst dir den Besitz deines Gastes, des armen Mullahs aneignen? Du kannst schröpfen, wen du willst, nur nicht mich. Heraus mit dem, was du gestohlen hast! Sonst verdamme ich dich, Abtrünniger, und du musst im Höllenfeuer braten!" Dem Hodscha brummte noch der Kopf von der Ohrfeige, von dem Geschimpfe des Mullahs verlor er gänzlich den Verstand: „Du dummer Mullah möchtest das, was jener Galgenvogel mir gegeben hat?" Jussup trat ein paar Schritte näher. „Na, hier hast du!" Damit holte er aus und gab dem Mullah eine Ohrfeige. Der Mullah, der seine Würde vergaß, stürzte sich auf den Hodscha, und obwohl er eigentlich sehr dünn war, drückte er ihm die Kehle zu wie mit einer Zange. „Untreuer Hund, du! Speichellecker des Teufels! Dieb!" kreischte er. „Du hast mich beraubt und wagtest es noch, die Hand gegen deinen geistlichen Vater zu erheben!" Sie rollten sich über den Teppich. Von ihrem Geraufe wackelte die Jurte, schwankte - und fiel ein. Mit Müh und Not konnten die Leute die beiden Heiligen herausholen und auseinanderzerren.

Am gleichen Tag verschwand der Mullah und ließ sich in dieser Gegend nie wieder blicken. Auch der Hodscha zog bald darauf in die Berge, um dem Spott zu entgehen. Nun wurde es wieder fröhlich im Dorf. Von früh bis spät erklangen Lieder, als wäre dort stets Feiertag. Viele Jahre erzählten dann die Alten ihren Kindern, wie Aldar-Kosse das Lied in Schutz nahm und den verhassten Mullah aus dem Dorf vertrieb.[45]

---

[45] Wie Aldar-Kosse das Lied in Schutz nahm, R. Schick, Kasachische Volksmärchen, Moskau 1986, Erzählfassung: J. Wagner.

## GERECHTIGKEIT MUSS SEIN

**E**in Richter sollte unbestechlich sein, Reich und Arm gleich behandeln und gerechte Urteile fällen. Aber einmal gab es einen Richter, wenn dem ein Schuldiger zuvor kostbare Geschenke machte, ging er heiter tänzelnd von dannen. Sprach aber ein Unschuldiger mit leeren Händen vor, ging er weinend vom Gericht. Ja, oft kam es vor, dass der Richter einen Unschuldigen auch noch prügeln ließ. Die Reichen rühmten den Richter als einen Weisen, die Armen verfluchten ihn in allen Tonarten.

„Warte nur, du Beutelschinder, dich muss ich wohl ein wenig Mores lehren!" dachte Aldar-Kosse. Er kaufte ein prachtvolles Gewand, einen Chalat, der selbst einen Khan geschmückt hätte. Die Atlasseide glänzte wie die Morgenröte, die Muster schimmerten wie eine blühende Wiese so bunt. Das zog er an und sprang auch schon an der Jurte des Richters vom Pferd. „Potztausend! Was für ein Gewand!" Der Richter breitete die Arme aus, als er Aldar-Kosse sah. „Wem hast du das gestohlen, Spitzbube? Nicht für dich ist so ein Ding geschaffen, das müsste ein angesehener Mann tragen, so einer wie ich." Aldar-Kosse zog wortlos den Chalat aus und warf ihn dem Richter über.

Der taute sogleich auf, lächelte, und zog ihn sich eilig über. „Ein prächtiges Gewand!" Er drehte sich und musterte sich einmal von der einen, einmal von der anderen Seite. „Da hast du mich aber beglückt, lieber Aldaken! Jetzt sehe ich, dass man mir fälschlich etwas Schlechtes von dir erzählt hat." Ächzend ließ sich der Richter auf weiche Kissen nieder und fragte wohlwollend: „Welche Sache willst du mir vortragen, Söhnchen?" Dabei strich er fortwährend über das Gewand. „Euer Gnaden, ich brauche einen Rat, weiß aber nicht, wo ich beginnen soll." - „Sprich ohne Scheu", ermunterte ihn der Richter. „Der Atlas-Chalat wärmt mir das Herz, was immer deine Angelegenheit auch sei, ich verspreche dir von vornherein, dass sie zu deinen Gunsten geregelt wird."

„Oh, vielen Dank!" Aldaken verbeugte sich. „Wenn Sie so gut zu mir sind, weiser Richter, dann will ich Euch alles nach bestem Wissen und Gewissen erzählen. Ich hatte einen Sklaven. Er kam mich nicht billig zu stehen, aber wie sehr habe ich ihn lieb gewonnen, wie sehr habe ich mich an ihn gewöhnt! Ein Vogel sorgt sich weniger um sein Junges, als ich mich um ihn sorgte. Nicht er war mein Diener, sondern ich der seine. Ich arbeitete, er ruhte sich aus, ich eilte durch die Steppe, er lag seelenruhig zu Hause. Ein Staubkörnchen setzte sich auf ihn, ich pustete es fort, ein Tautropfen fiel auf ihn, ich trocknete ihn. Manchmal gingen wir zusammen aus, und stellen Sie sich vor, ich trug ihn. Was nun?" – „Ja, was nun?" Der Richter reckte neugierig den Hals. „Was? Heute habe ich meinen Diener verloren!" - „Wie ist denn das geschehen?" - „Das kam so. Eben heute stießen wir beide auf einen alten Wucherer. Der sah meinen Sklaven und war sogleich erpicht auf ihn. Er lobte ihn vor mir in höchsten Tönen, ja, er hob ihn in den Himmel und mich machte er schlecht. Da  verließ mich mein Diener! Vor meinen Augen lief der Undankbare zu dem anderen Herrn! Was soll ich nun tun? Geben Sie mir einen Rat!"

Der Richter hob spöttisch die Augenbrauen. „Was tun? Ganz einfach. Suche schnellstens deinen Sklaven, prügle ihn gnadenlos durch und schleppe ihn zurück zu dir in die Jurte. Das Kalb sollte seine Mutterkuh kennen!" – „Mögen Eure Tage ewig sein, weiser Richter! Sie haben einen goldenen Kopf! Noch nie sprachen Sie ein so gerechtes Urteil wie dieses. Ich eile, es zu vollstrecken. Den Schuldigen brauche ich nicht lange zu suchen. Der ist ja hier. Ich rechnete mit Eurer Erfindungsgabe und meinte mit Diener keinen Menschen, sondern eine Sache, mein Gewand. Ich klagte über meinen Chalat, edler Richter. Ich habe ihn so geschätzt und behütet, aber ein paar Worte von Ihnen, und Sie hatten ihn. Diesen Treuebruch werde ich ihm nun heimzahlen!" Aldar-Kosse zog eine Peitsche aus dem Stiefelschaft und begann, das kostbare Gewand zu prügeln. Der Richter begriff sofort, woher der Wind weht, wollte Reißaus nehmen, aber Aldar versetzte ihm einen solchen Peitschenhieb über den Rücken, dass er bis zum Rauchabzug sprang und so schrie, dass es weit und breit zu hören war: „Hilfe! Mörder!"
„Richter, was heulst du wie ein Schakal? Was springst du wie eine Bergziege?" sagte Aldar-Kosse, die Peitsche in der Hand. „Nicht dich bestrafe ich, sondern meinen Chalat, nach deinem eigenen Urteil!" Der Richter warf das Gewand ab und verkroch sich hinter einer Truhe. Aldar steckte die Peitsche in den Stiefelschaft, packte den Chalat am Kragen und schleppte ihn, als würde er den

Urteilsspruch des Richters erfüllen, hinter sich her zum Ausgang. An der Tür drehte er sich zur Truhe um und sagte: „Richter, ärgere dich nicht darüber, dass dir eine Fliege in den Mund geraten ist. Ich wollte dich nur daran erinnern, dass es auch den Menschen weh tut, wenn man auf das Gewand einschlägt. Hast du mich verstanden?" Später wurde erzählt, der Richter hätte Aldar-Kosse wirklich  verstanden und von Stund an die Leute gerecht behandelt.[46]

*Humorlosigkeit zahlt sich nicht aus*

## DIE VIER KNECHTE, DIE FÜR IHR LEBEN GERN VERSE SCHMIEDETEN

Bei einem Bauern dienten vier Knechte. Die erleichterten sich die Arbeit dadurch, dass sie bei jeder Gelegenheit Verse reimten. Der Bauer hörte das gar nicht gern und fand das überflüssig. Wo er konnte, wischte er ihnen eins aus. Einmal, als die Knechte gerade auf dem Feld waren, zogen dunkle Wolken auf und bedeckten den Himmel. Der erste Knecht warf den Rechen fort und sagte:

*„Schmutziggrau ist der Himmel!"*
Darauf der zweite:
*„Grauer noch als Schimmel."*
Der dritte fügte hinzu:

---

[46] Wie Aldar-Kosse einen Richter um Rat fragte, Rita Schick, Kasachische Volksmärchen, Moskau 1986, Erzählfassung: H.C. Heim.

*„Hageln wird's und Winde wehn!"*
Und der vierte:
*„Gleich wird der Bauer schlafen gehn."*

Und dann packten alle vier ihr Werkzeug zusammen und gingen nach Hause. Sie traten durch das Tor und sahen, dass der Bauer im Hof stand und sich den Staub vom Gewand schüttelte.
*„Seht doch, seht doch, unser Bauer!"*
sagte der erste Knecht.
*„Ei, wie blickt der Gute sauer!"*
sagte der zweite.
*„Regt nicht Hand und Bein und Arm",*
meinte der dritte.
*„Arbeit ist ihm halt zu warm",*
sagte der vierte.

Da wurde es dem Bauern nun doch zu dumm. „Ihr Nichtsnutze, ihr Tagediebe", schrie er. „ihr glaubt wohl, ihr könnt einfach mit der Arbeit aufhören und mich dann noch auslachen! Da habt ihr euch aber geirrt! Ich gehe zu unserem Richter, der wird euch eure losen Zungen schon zügeln!"

Nun, da war nichts zu machen. Die Knechte begaben sich also auf den Weg und gingen mit dem Bauern zu Gericht. „Ihr seid mir saubere Vögel", fuhr sie der Richter an, „das könnte euch so passen, nichts arbeiten und euren Herrn verspotten!" „Ach was, verspotten!" sagte einer der Knechte. „Es ist nur so, Herr Richter, dass wir für unser Leben gern Verse schmieden, und so haben wir eben ein paar Reime auf ihn gemacht." „Glaubt ihnen nicht, Herr Richter", rief der erzürnte Bauer, „sie scharren doch den ganzen lieben Tag nur im Mist herum, einen

133

Pinsel haben sie ihr Lebtag nicht in der Hand gehabt, wie könnten sie da Verse schmieden? Ich wette, dass sie das Buch der Lieder nie gelesen haben!" [47] „Ihr könnt also Verse machen?" wunderte sich der Herr Richter, der nun doch neugierig geworden war. „Dann sagt mir also den Reim, den ihr auf den Bauern gemacht habt." Doch dazu hatten die Knechte wirklich keine Lust, wie dem auch sei, mit dem Herrn Richter war nicht zu spaßen. Und so sagten sie: „Herr Richter, Ihr müsst wissen, wir sind keine gebildeten Studenten, wir brauchen für unsere Gedichte weder Pinsel noch Tusche, wir sagen nur, was uns gerade in den Sinn kommt, und dann vergessen wir es gleich wieder. Doch wenn Ihr, Herr Richter, es wünschtet, so würden wir für Euch vielleicht etwas anderes dichten." „Herr Richter, verschwendet mit diesen nichtsnutzigen Kerlen doch nicht Eure wertvolle Zeit", sagte der Bauer. „Wenn ich Euch sage, dass sie kein ordentliches Gedicht machen können, so könnt Ihr mir glauben, da gehe ich jede Wette mit Euch ein." „Na, wollt ihr wetten?" sprach der Herr Richter und wandte sich an die Knechte. „Nun ja, was uns betrifft, wir würden es schon tun", sagten die Knechte, „doch Gold haben wir keines, Silber ebenfalls nicht, wir haben nur unsere eigene Haut, und auch die gehört dem Bauern. Doch wisst Ihr was? Wir wollen diese Wette dennoch schließen. Wenn wir verlieren, werden wir alle vier dem Bauern ein Jahr lang umsonst dienen, wenn wir gewinnen, bekommt der Bauer vierzig Hiebe mit der Haselrute." „Gut", sagte der Bauer, denn er glaubte, die Knechte würden keinen

---

[47] In China schrieb man Gedichte mit dem Pinsel. Das Buch der Lieder war eine bekannte Gedichtsammlung.

Reim zustande bringen. „Und wovon soll unser Gedicht handeln, Herr Richter?" fragte einer der
Knechte. „Nun", antwortete der Richter und blickte
aus dem Fenster, „meinetwegen von dem Pfirsichbaum, der da vor den Fenstern steht."

*„Ein Pfirsichbaum steht vor den Fenstern",*
hob der erste Knecht sogleich an.
*„In seinen Blättern rauscht der Wind",*
fuhr der zweite fort.
*„Mohnblumenrot leuchten die Früchte",*
sagte der dritte.
*„Die nun reif und köstlich sind",*
fügte der vierte hinzu.
*„Der Pfirsichbaum steht auf dem Mist",*
sagte nun wieder der erste und lachte.
*„Die Wurzel tief in der Erde ist",*
sagte der zweite.
*„Dass er so reiche Frucht getragen",*
ergänzte der dritte.
*„Liegt an der Düngung, kann ich euch sagen",*
schloss der vierte.

„Bauer, Bauer", sagte der Herr Richter und machte
dabei ein bedenkliches Gesicht, „ich muss gestehen,
dass Ihr die Wette verloren habt." Und dann war es
an den Knechten, dem Bauern vierzig Hiebe mit
der Haselrute zu verpassen. „Oh weh, oh weh",
jammerte der Bauer und humpelte hinter seinen
Knechten nach Hause.

*„Warum musstet Ihr auch klagen?"*
sagte der erste Knecht vorwurfsvoll.
*„Das brauchte nicht zu sein!"*
fügte der zweite hinzu.

135

*„Wir sollten uns vertragen"*,
sagte der dritte.
*„Und uns noch mal verzeih'n"*,
fügte der vierte hinzu.

Seit dieser Zeit versuchte der Bauer, besser mit seinen Knechten auszukommen. „Lass sie", sagte ihm seine Frau, „und mach noch einen Reim dazu, wenn dir etwas einfällt, dann hast du sie auf deiner Seite!" So entließ der Bauer seine Knechte nicht und lebte mit ihnen bis an sein Lebensende.[48]

*Weiß oder schwarz?*

## WER SEIN SCHICKSAL HERAUSFORDERT

In einem Dorf in Burma gab es einst zwei Klöster, eines im Norden und eines im Süden. Beide hatten einen guten Ruf und viele Mönche. Die Leute im Dorf gingen gerne dorthin, um zu beten oder das Orakel zu befragen. Immer ließen sie ein Almosen dort, so dass die Klöster keinen Mangel litten. Dennoch befanden sich die Klöster in einem heimlichen Wettstreit, was auch für die Äbte galt, die beide gelehrt, weise und angesehen waren. Vielleicht kam das daher, dass der Abt des südlichen Klosters sich nach der Deutung der Sterne richtete, der nördliche Abt aber hielt dies für Unsinn und Aberglauben.

---

[48] D. & M. Stovicková/E. Bednárová, Chinesische Volksmärchen, Hanau 1976; Erzählfassung: J.W.

Eines Tages wurden beide Äbte in die Hauptstadt des Landes, nach Ava eingeladen. Sie sollten an einer wichtigen Zeremonie teilnehmen. Im Kloster des Südens schaute man, wie die Sterne stehen und beschloss, schon am folgenden Tag abzureisen, da stünden die Sterne am günstigsten für so eine lange Reise. Als der andere Abt davon erfuhr, schnaubte er spöttisch und ließ verkünden, die Astrologen hätten ihm gesagt, übermorgen sei ein besonders ungünstiger Tag für die Fahrt - den wolle er nehmen.

Die Mönche des Südens wählten ein weißes Boot - Weiß galt ihnen als Farbe des Glücks - und machten sich mit ihrem Abt auf die Reise. Der Tag verlief ruhig und abends wollten sie in einem Dorf anlegen um zu übernachten. Die Bewohner empfingen sie freundlich und bald kam der Älteste des Dorfes zu ihnen. Er sprach zum Abt: "Euer Ehren, mein Sohn soll morgen in die Gemeinschaft der Buddhisten aufgenommen werden, aber der Abt unseres Klosters ist krank. Wäre es Euch nicht möglich, die Zeremonie zu übernehmen und erst gegen Mittag Euren Weg fortzusetzen? Ihr würdet immer noch mehr als rechtzeitig in der Hauptstadt sein." Der Abt mochte dem Mann seinen Wunsch nicht abschlagen und stimmte zu. Gemeinsam mit den Mönchen übernachtete er im Dorf.

Am nächsten Morgen, als die Zeremonie begann, brach im Heimatdorf der Abt des nördlichen Klosters mit seinem Gefolge auf. Aus Trotz hatte man das Boot schwarz anmalen lassen, denn abergläubische Menschen hielten das für eine Unglücksfarbe.

Darüber konnte man in diesem Kloster nur lachen und das Boot begann seine Fahrt auf dem Irawady, dem größten Fluss des Landes. Sie hatten guten Wind und das schwarze Boot schnellte nur so über das Wasser. Bald erreichten sie die Anlegestelle, wo das weiße Boot noch im Wasser lag. Flugs überholten sie die Delegation des südlichen Klosters, freuten sich und rasten weiter mit vollen Segeln den Fluss hinab. Nach einer weiteren Stunde halsbrecherischer Fahrt passierte es schließlich: das pechschwarze Boot traf auf einen Fels und zerschellte. Zum Glück konnte die ganze Mannschaft schwimmen und sich ans Ufer retten. Dort kauerten sie nun nass und frierend und erschöpft. Immer wieder schauten sie vorwurfsvoll zu ihrem Abt, der diesen Reisetag festgelegt und das Schicksal herausgefordert hatte. "Man sollte sich nie über die Sterne lustig machen", sagten sie sich. "Das haben wir nun davon. Wir können nur von Glück sagen, dass keiner verletzt oder gar umgekommen ist. Nur unser Boot ist nicht mehr zu retten."

Der Abt stand am Ufer und hatte den Blick flussaufwärts gerichtet. Er machte sich selbst Vorwürfe und empfand tiefe Schuld gegenüber den ihm anvertrauten Mönchen. Da sah er auf einmal, wie das weiße Boot herankam. Auch dieses Boot segelte schnell, zu schnell. Es war noch nicht ganz herangekommen, da traf es ebenfalls auf einen Fels und kenterte. Auch hier konnten sich alle an Bord retten und schwammen auf ihre Brüder am Ufer zu. Der nördliche Abt sagte dazu nicht viel. Er lächelte nur, drehte sich zu seinen Begleitern um und sprach: "So werden wir schlussendlich dem König gemeinsam unter die Augen treten müssen - nass und dreckig wie Kanalratten."[49]

*Liebesglück - Liebesleid*

## ACH, YOKO, YOKO!

Ein Besucher des Klosters hörte hinter einer Tür einen Mann wehklagen: „Ach, Yoko, Yoko ..." „Was hat der Mann für ein Problem", fragte er den Zen-Meister. „Nun, Yoko war die Frau, die seine Liebe nicht erhört hat", erklärte der Meister. Wenig später, hinter einer anderen Tür, hörte der Besucher wieder die Stimme eines Mannes: „Oh Yoko, Yoko ..." „Ist diese Yoko auch sein Problem", fragte der Besucher: „Ja", erwiderte der Meister, „ihn hat Yoko erhört und geheiratet".[50]

*Ahmet-Ahay ist der Hodscha Nasrudin der Krimtataren und auf seine Weise um das Gemeinwohl bemüht*

## DAS FASS OHNE BODEN

Es war ein trockener Sommer, und es drohte eine schlechte Ernte. Ahmet-Ahay dachte: Die Gärten müssten bewässert werden, aber die Leute sind

---

[49] Vom Sinn und Unsinn der Sterndeutung, Sendler a.a.O. 141ff, Erzählfassung: J. Wagner.
[50] Aus dem Zen.

139

bequem, sie werden kein Wasser vom Fluss unten nach oben ins Dorf schleppen.

Ahmet-Ahay hatte ein Fass. Er stieß den Boden dieses Fasses aus und stellte es in seinen Garten - sein Garten war höher als alle Gärten des Dorfes. Ahmet-Ahay kletterte auf das Minarett und rief den Dorfbewohnern zu: "Leute, arme Leute, reiche Leute, Frauen, Kinder, alte Leute und junge Leute! Hört mich an! Ich schlief in meinem Garten. Und ich träumte einen Traum. Und eine Stimme, der ich nicht zu widersprechen wagte - denn es war die Stimme meines Vaters - befahl mir: "Stell in deinem Garten ein Fass auf. Sag den Männern des Dorfes, sie sollen kommen und es bis oben hin mit sauberem Wasser füllen. Und um sie für ihre Arbeit zu belohnen, befehle ich dir, mein Sohn, demjenigen, der den letzten Eimer hineinschüttet, die Hälfte deines Gartens zu geben.

Ahmet-Ahay hatte zwar nur einen kleinen Garten, aber für einen Eimer Wasser würde jeder gerne die Hälfte eines Gartens nehmen. So rannten sie alle mit Eimern zum Fluss, schöpften Wasser, schleppten es zu Ahmet-Ahay in seinen Garten und schütteten es in das Fass. Jeder wollte zuerst das Fass füllen. Sie hetzten, rannten - von unten nach oben, von oben nach unten und wieder zurück. Die Menschen wussten nicht, dass das Fass ohne Boden war.

Einige Zeit war vergangen, und sie sagten: "Was ist los, Ahmet-Ahay! Wir sind dabei, alles Wasser aus dem Fluss zu nehmen, und dein Fass füllt sich überhaupt nicht!" - "Lauft noch dreimal, dann ist es genug", - sagte Ahmet Ahay. Sie liefen noch sechsmal los und schöpften Eimer um Eimer aus dem Fluss, aber Ahmet-Ahays Fass füllte sich nicht.

Erst dann bemerkten sie, dass das Fass keinen Boden hat und das Wasser in ihre Gärten geflossen war.


*Wie soll man recht leben?*

## DER HODSCHA, SEIN SOHN UND DER ESEL

Der Hodscha ist unterwegs zum Dorf. Er hat seinen Sohn auf den Esel gesetzt und geht selbst nebenher. Da kommen ein paar Leute vorbei und sagen: "Schau dir das an! Der alte Mann muss zu Fuß gehen und der Junge sitzt auf dem Esel. Er sollte sich was schämen!"

Der Hodscha, der dies hört, lässt seinen Sohn absteigen und setzt sich selbst auf den Esel. Doch schon nach einer Weile hört er, wie sich zwei, die am Wegrand sitzen, unterhalten: "Der große Kerl sitzt auf dem Esel und lässt den armen Jungen nebenher gehen. Gibt es denn kein Mitleid mehr auf der Welt?"

Da holt der Hodscha seinen Sohn mit auf den Esel und so reiten sie beide weiter. Kommt ein Bauer des Weges und meint: "muss dieses schwache Tier denn euch beide tragen? Das ist ja unglaublich. Der arme Esel wird sich das Rückgrat brechen."

Der Hodscha steigt daraufhin ab und nimmt auch seinen Sohn vom Esel herunter. So gehen sie weiter, der Esel voraus und die beiden hinterdrein. Als sie nicht mehr weit vom Dorf entfernt sind, hören sie, wie ein Mann zum anderen sagt: "Schau dir bloß die zwei Hohlköpfe an! Der Esel spaziert voraus und die zwei marschieren hinterher. Wie kann man nur so dumm sein?"

Da sagt der Hodscha zu seinem Sohn: "Du hast es gehört, das Beste ist immer, man tut, was man selbst für richtig hält. Den anderen kann man nie etwas recht machen. Und der Mund ist auch kein Sack, dass man ihn einfach zubinden könnte."

## IX   Für Kranke und Gesunde

*Was hilft*

### DER KLUGE ARZT UND DAS ORAKEL

In Bagdad lebte einmal eine Frau, die so dick geworden war, dass sie fast nicht mehr gehen konnte. Sie fühlte sich so unwohl, dass sie sich eines Tages entschloss, zu einem Arzt zu gehen, der ihr vielleicht eine Medizin gegen ihre Körperfülle geben könnte. Und sie ging mit viel Mühe zu dem Haus des Arztes. Als sie dort angekommen war, trat sie ein und der Arzt kam ihr entgegen: "Tritt näher!" Und sie setzte sich. Er fragte sie, wie es ginge. Die Frau antwortete ihm: "Es geht alles gut; ich bin zu dir gekommen, dass du meinen Zustand ansiehst." Und er fragte sie: "Was hast du denn?" Die Frau antwortete ihm und sagte: "Ich wünsche, dass du mir eine Medizin für meine Fettleibigkeit machst." Der Arzt sagte ihr: "Wenn Gott will; aber ich muss zuerst das Orakel befragen, damit ich sehe, welche Medizin für dich passt; und du gehe jetzt nach Hause zurück; morgen komme wieder und hole deine Antwort!" Und die Frau sagte: "Wenn Gott will!" und ging nach Hause. Am folgenden Tag kam sie wieder, um die Antwort zu holen. Der Arzt sagte ihr: "Verehrte Frau, ich habe das Orakel befragt und habe die Botschaft bekommen, dass du in sieben Tagen sterben wirst; du hast also keine Medizin mehr nötig, da dein Leben so bald enden wird." Als die Frau die Worte des Arztes hörte, fürchtete sie sich in ihrem Herzen und dachte, sie würde sterben und kehrte nach Hause zurück, aß nicht, trank nicht und war sehr betrübt und wurde immer magerer. So erreichte sie nun die sieben Tage, aber sie starb nicht. Sie erreichte den achten Tag, aber sie starb nicht. Da ging sie zum Arzt und sagte zu ihm: "Heute ist der achte Tag, und ich bin nicht gestorben." Und der Arzt sagte zu ihr: "Bist du nun dick oder dünn?" Sie sagte: "Ich bin dünn, ich bin vor Todesfurcht ganz abgemagert." Der Arzt sagte zu ihr: "Das eben war die Medizin."[51]

*Der Krankheit entwischt*

## DER HIRT UND DIE DREI KRANKHEITEN

Es war einmal ein Hirte, der lebte in einem Hüttchen, das etwas vom Dorf entfernt stand. Davor hatte er einen großen Pferch, in dem weidete sein Vieh. Eines Abends klopfte es an seine Türe und als

---

[51] Der kluge Arzt oder die Todesfurcht als Heilmittel, Märchen der Swahili, aus C. Meinhof (Hg.): Afrikanische Märchen, München 1991, Erzählfassung: J.W.

er öffnete, stand eine schwarzgekleidete Frau davor. Er fragte: „Wer bist du, liebe Frau und was willst du?" – „Ich bin die Blatternkrankheit und komme, um mir dein bestes Schaf zu holen. Sonst werde ich dich mitnehmen und du musst sterben." – „Meine Mutter hat mir erzählt, dass ich als Kind diese Blattern schon hatte! So werde ich sie nicht mehr bekommen. Lass mich also in Frieden, denn ich brauche dich nicht." Die Frau fand sich damit ab und verschwand aus dieser Gegend.

Der Hirt wollte eben einschlafen, da klopfte es wieder an seiner Tür. „Nanu, wer ist denn das schon wieder?" Er öffnete und sah wieder eine schwarz gekleidete Frau. „Was willst du zu dieser späten Stunde, liebe Frau?" - „Ich bin die Diphterie und ich komme, um mir dein bestes Schaf zu holen. Gibst du es mir nicht, so musst du sterben!" - „Liebe Frau, diese Krankheit habe ich als Kind schon gehabt. Ich brauche dich nicht, gehab dich wohl!" Die Diphterie fand sich damit ab und zog davon.

Am nächsten Morgen in aller Frühe wurde der Hirte durch ein lautes Klopfen an seiner Türe geweckt. „Um Gottes willen, wer mag das nun wieder sein?" Wieder stand eine schwarz gekleidete Frau vor seiner Türe. „Was willst du hier, liebe Frau?" - „Ich bin die Pest[52]. Wenn du mir nicht dein bestes Schaf gibst, nehme ich dich mit!" – O weh, die Pest hatte er noch nicht gehabt, aber er hatte gehört, wie gefährlich sie doch sei. „Komm mit, ich will das Schaf holen."

Im Pferch suchte er das beste Schaf heraus und wollte es ihr geben. „Nein, du musst es mir nach

---

[52] Man könnte beim Erzählen hier auch moderne Krankheiten nehmen: Corona, Aids, Krebs z.B.

Hause tragen." Der Hirt lud sich das Schaf auf den Rücken. Sie ging voraus, er immer hinterher, über Berg und Tal, durch Einöde. Er glaubte, der Weg würde nie ein Ende nehmen, doch plötzlich sah man ein weißes Schloss, das von Licht strahlte. „Das ist mein Haus", sagte die Pest. Sie traten ein. Das ganze Haus war voller Öllampen, die hingen von der Decke und leuchteten wie Sterne. Manche waren ganz mit Öl gefüllt, andere waren am Verlöschen. „Magst du mir sagen, was diese Lampen bedeuten?" – „Diese Lampen zeigen das Leben eines jeden Menschen an. „- „Ist meine eigene Lampe auch dabei?" – „Gewiss!" und die Pest zeigte ihm eine herrlich brennende Lampe die prallvoll mit Öl gefüllt war. „Das ist deine Lampe und die Lampe daneben, die am Verlöschen ist, das ist die deines Bruders." – „Kannst du nicht ein wenig Öl von meiner Lampe in die seine gießen?" bat der Hirte. „Das ist unmöglich! Alles Öl wird am Anfang hineingetan. Später kommt nichts hinzu und wird nichts weggenommen." - „Ist das wahr? Es kommt nichts hinzu und wird nicht weggenommen? Und du kannst daran nichts ändern?" - „Das ist wahr!" – „Dann also Addio, ich brauche dich nicht!"

In Windeseile lädt er sich sein Schaf wieder auf die Schulter und läuft den Berg hinab so schnell er kann. Als er im Dorf ankommt, läuten die Totenglocken, denn sein Bruder ist gestorben. Da begreift er noch besser, dass alles wahr gewesen war, was er erlebt hatte.[53]

54

---

[53] A. Megas,  Griechische Volksmärchen, Köln 1963, Erzählfassung: H. C. Heim.

## MOARE

Es war einmal ein todkranker Mann. Seine Frau
hatte den Doktor geholt. Dieser verschrieb eine Arznei, als er ihn untersucht hatte, und machte sich zur
Rückfahrt fertig. In der Türe fragte ihn die Frau
leise, wie es mit ihrem Manne stehe, sei er schwer
krank? Der Arzt antwortete: „*Moare,* er stirbt, ich
habe ihm zwar etwas verschrieben, aber *moare,* er
wird sterben." Der Mann drinnen hatte nur die
Worte ‚*moare*' gehört. *Moare* ist im Rumänischen
aber auch das Krautwasser vom Sauerkraut, und so
dachte er, der Arzt habe ihm solches verordnet. Als
die Frau hereinkam, rief er ihr entgegen: „Jetzt lauf
geschwind in den Keller und bring mir *moare,
moare, moare.* Der Arzt hat gesagt, ich solle das trinken." Die Frau wollte ihn nicht ärgern und brachte
es ihm - und er wurde langsam wieder gesund von
der *moare.* Als er das Bett verlassen hatte, lobte er
den Arzt und sprach: „Nun, dieser Doktor versteht
seine Sache, mir hat er die Arznei gut geholfen. Ich
muß ihm ein Geschenk bringen!" Er hatte ein Paar
schöne Hennen, die nahm er und ging.
Als er zum Doktor kam, sagte er: „Guten Tag, Herr
Doktor." – „Ich danke, du lebst?" – „Ich lebe wirklich. Dank den Heiligen, und bin gekommen zu
danken, weil Ihr mich aus der Krankheit errettet
habt. Seht, da bringe ich diese Hennen zum Geschenk, weil Ihr mir gesagt, ich solle *moare* trinken,
und ich trank immer eine Maß. Und von dieser

146

Arznei bin ich gesund worden." – „Was sagst du da? Was hast du getrunken?" – „M*oare* natürlich." – „Ich habe aber nicht gesagt, du solltest *moare* trinken, ich verschrieb dir nur Arznei aus der Apotheke." Der Mann fing an zu lachen, weil der Doktor so schnell vergessen konnte, aber er wird ja auch viel im Kopfe haben. Der Doktor aber schüttelte den Kopf und dachte: wenn der Mensch noch Tage hat, so stirbt er nicht.[55]

*Das Unerwartete*

## DER HEILKÜNSTLER

Ein reiches Ehepaar saß mit der Tochter zu Tische und da begab es sich, dass dem Mädchen beim Sprechen eine Fischgräte im Halse stecken blieb. Vergeblich versuchte sie, diese Gräte zu entfernen. Eilends ließ der Vater die geschicktesten Heilkünstler der Stadt herbeirufen, damit sie der Tochter die heftigen Beschwerden linderten und die Fischgräte herauszögen, doch niemand vermochte sie zu fassen. Endlich sagte der berühmteste Heilkünstler der Stadt: „Ich bin der Meinung, dass das Kind keine Gräte im Schlund hat. Sei daher unbesorgt, in weniger als einer Stunde wird es wieder wohlauf sein!" Die Eltern beruhigten sich, aber die Schmerzen der Tochter ließen nicht nach. Das Kind jammerte, der

---

[55] Ein kranker Mann, P. Schullerus, Rumänische Volksmärchen aus dem mittleren Harbachtal, 1907, leicht bearbeitet.

Vater war ratlos, die Mutter aber sprach: „Lass Boten in der ganzen Stadt ausrufen: Wer unserem Kind hilft, dem sollen tausend Denare ausgezahlt werden."

Nun lebte damals ein Mann in einer armseligen Hütte, dessen Frau kam vom Markt heim und redete ihm zu: „Jetzt hat Allah dir die Gelegenheit gegeben, dein Glück zu machen!" Und sie erzählte ihm, was die Ausrufer verkündet hat und gleichzeitig verriet sie ihm ihren Plan. Der Mann überlegte, dann sprach er entschlossen: „Es sei!"

Bald darauf erschein ein Mensch in seltsamem Aufputz vor dem Reichen, gab an, ein Heilkünstler zu sein und erbot sich, die verschluckte Gräte wieder herauszuholen und das Kind wurde herbeigeführt. Alsbald besprengte er es mit Wasser und blies es an. Dann raufte er sich die struppigen Haare und schnitt die drolligsten Gesichter. Zuletzt begann er, mit feierlicher Miene einen solchen Schwall unverständlicher Worte daherzureden, dass das Mädchen in ein schallendes Gelächter ausbrach. Dadurch löste sich die Gräte im Schlund und kam wieder zum Vorschein. Und der sonderbare Heilkünstler erhielt die versprochene Belohnung.[56]

---

[56] Arabisches Märchen aus: Morgenländische Märchen, W. Ruland, 1924.

*Ich bin König …*

## DER KATZENKÖNIG

An einem Winterabend saß die Frau des Totengräbers am Kamin. Ihr großer, schwarzer Kater, der alte Tom, lag neben ihr und erwartete wie sie schläfrig blinzelnd die Rückkehr des Herrn. Sie warteten und warteten, aber er blieb lange aus. Schließlich kam er hereingestürzt und rief ganz aufgeregt: "Wer ist denn eigentlich Tom Tildrum?" Beide, seine Frau und der Kater, starrten ihn an. „Was regst du dich denn so auf?", sagte endlich die Frau. "Und warum willst du wissen, wer Tom Tildrum ist?" „Oh, ich habe ein tolles Abenteuer erlebt! Ich war dabei, Herrn Foryces Grab zu schaufeln und muss wohl dabei eingeschlafen sein. Jedenfalls wachte ich erst durch das Jaulen einer Katze auf. "Miau", gab der alte Tom zur Antwort. „Ja, gerade so war's! Ich guckte über das Grab hinweg, und was glaubt ihr, was ich sah?" „Wie kann ich das wissen?" sagte die Frau. „Denke dir nur, neun schwarze Katzen, wie Tom sahen sie aus, alle mit einem weißen Fleck auf ihrem Brustpelz. Und was glaubt ihr, was sie trugen? Einen kleinen Sarg, mit einem schwarzen Sammetbahrtuch bedeckt, und auf dem Tuch lag eine Krone, ganz von Gold. Und bei jedem dritten Schritt riefen alle 'Miau'!" - „Miau", maunzte der alte Tom. „Ja, ganz genau so", sagte der Totengräber, "und als sie näher und näher kamen, konnte ich sie genauer sehen, weil ihre Augen in grünem Licht leuchteten. Und nun gingen sie alle auf mich zu. Acht trugen den Sarg, und die neunte, die größte unter ihnen, schritt in aller Würde voran. - Aber sieh nur unsern Tom, wie er mich anstarrt! Man könnte denken, er verstünde alles, was ich sage." - "Nur weiter, weiter", sagte seine Frau. „Kümmre dich doch nicht um den alten Tom!" „Also, ich sagte gerade, sie kamen langsam und feierlich auf mich zu und riefen alle bei jedem dritten Schritt 'Miau, miau'!" "Miau", sagte der alte Tom wieder. Der Totengräber sah Tom erschreckt an und erblasste, fuhr aber dann fort. "Denke dir, sie stellten sich genau mir gegenüber an Herrn Foryces Grab auf. Dort blieben sie ruhig stehen und blickten auf mich. Aber sieh nur den Tom, er starrt mich genauso an wie sie!" "Weiter, nur weiter", sagte seine Frau, "kümmre dich doch nicht immer um den alten Kater!" - "Wo war ich denn? Ach ja, sie standen alle und starrten mich an. Dann kam die eine, die den Sarg nicht mittrug, an mich heran, sah mir gerade ins Gesicht und sagte zu mir: Ja, ich versichre dir's, sie sprach zu mir mit quiekender Stimme: 'Sage Tom Tildrum, dass Tim Toldrum tot ist.' - Und darum, bei allen Heiligen frage ich dich, ob du weißt, wer Tom Tildrum ist? Denn wie kann ich Tom Tildrum sagen, dass Tim Toldrum tot ist?" - "Sieh den alten Tom, sieh nur den alten Tom", schrie da seine Frau. Und auch der Mann fuhr vor Staunen zusammen. Denn Tom blähte sich auf, machte einen stattlichen Katzenbuckel und kreischte schließlich: "Was? Der alte Tim ist tot? Dann bin i c h hinfort der

Katzenkönig!" und sauste im Kaminschlot in die Höhe und ward nie mehr gesehen.[57]


*Im Reich der Naturgeister*

## DIE WARZE UND DIE KOBOLDE

Einst lebte in einem Dorfe ein herzensguter, fröhlicher Mann, der sich mühevoll seinen Lebensunterhalt verdiente, dabei aber immer lustig und guter Dinge war. Auf der rechten Wange hatte er eine große, hässliche Warze, die ihn sehr verunzierte, doch machte er sich nicht viel daraus, und wenn ihn die Leute dann und wann wohl darüber neckten, so fing er mit ihnen zu lachen an und kränkte sich nicht darüber.

Sein Nachbar indessen, der merkwürdiger Weise dieselbe Verunstaltung auf der linken Wange hatte, war anderer Natur, er war zänkisch, und Niemand hätte wagen dürfen, in seiner Gegenwart auf die hässliche Warze anzuspielen. Deshalb hatte dieser Nachbar auch wenig Freunde, während der andere freundliche Mann von allen im Dorfe geliebt wurde.

Eines Tages nun nahm dieser, wie er dies öfter tat, seine Axt und ging in den Wald, um Holz zu fällen,

[57] A. Ehrentreich, Englische Volksmärchen, Jena 1938.

das er verkaufen wollte. Er wanderte tief in den Wald hinein, und als er den hohen Taikoberg bestieg, da fing es so gewaltig zu regnen an und der Sturm heulte so sehr, dass er nicht weiter- kommen konnte und unter den breiten Ästen der dicken Bäume Schutz suchte. Stundenlang hoffte er, das Unwetter werde nachlassen, und er könne dann den Heimweg antreten; doch sein Hoffen war vergebens, es regnete und stürmte fort und fort, und so musste er sich entschließen, die Nacht im Walde zu bleiben; denn die Sonne ging bereits unter, und es begann rings umher zu dunkeln. Als er sich nach einem Plätzchen umschaute, das ihn einigermaßen vor Regen und Sturm schützen konnte, denn weit und breit war keine Hütte zu sehen, da gewahrte er ganz in der Nähe einen hohlen Baum. Geschwind ging er darauf zu und stieg in die weite Höhlung. Ja, nun war er geborgen; hier konnte er es ganz gut aushalten. Der gute alte Mann lachte vor Freuden, und zufrieden, wie er von Natur war, machte er es sich so bequem in seinem Verstecke, wie er nur konnte.

Schon fielen ihm vor Müdigkeit die Augen zu und der Schlaf stellte sich ein, da hörte er ganz in seiner Nähe das Geräusch von Schritten, und sofort wurde er wieder wach und munter. Vorsichtig lugte er durch eine Spalte des Baumes und sah zu seinem nicht geringen Erstaunen eine ganze Schar sonderbarer Kobolde, welche die merkwürdigsten Sprünge machten und gar wunderlich aussahen. Viele waren über und über von roter Farbe, andere wieder waren schwarz, mit sonderbaren roten Kleidern behängt, manche hatten keinen Mund und wieder andere hatten nur ein Auge. Es waren ihrer wohl über hundert, und der alte Mann war halb tot vor Grauen und Furcht. Indessen hielt er sich mäuschenstill und wartete atemlos der Dinge, die da kommen würden. Die gespenstischen Wesen hatten auch einen Oberkobold; den sah der arme Mann jetzt ganz deutlich, und das Ungeheuer, das einen großen Schnabel statt der Nase im Gesichte hatte, versammelte die Menge gerade unter dem hohlen Baume, in dem der Alte saß. Hier setzte sich der Oberkobold nieder, schlug die Beine unter und hieß die Andern sich zu beiden Seiten in zwei langen Reihen niedersetzen. Dies geschah denn auch sogleich, und kaum war es geschehen, so fingen die Kobolde zu schmausen an. Sie tranken den Wein wie gebildete Menschen und hielten ein so regelrechtes Gastmahl, dass der Lauscher sich nicht wenig darüber verwunderte. Doch als die Schale mit Wein immer wieder die Runde gemacht hatte, da schien der Oberkobold trunken zu werden, das konnte man aus seinen Gesten merken. Den alten Mann, der alles genau beobachtete und allmählich seine Furcht verlor, belustigte dies nicht wenig, aber es sollte noch besser kommen. Einer aus der Gesellschaft trat, nachdem die Mahlzeit beendet war, aus der Reihe hervor, machte mit allem erdenklichen Zeremoniell seine Verbeugungen vor dem Oberkobold und führte dann einen Tanz auf, so spaßhaft und komisch, dass es gar nichts Lächerlicheres geben konnte. Und kaum hatte dieser den Anfang gemacht, so fingen sie alle an zu tanzen, schlugen sich über und waren überaus possierlich. Der alte Mann, den dies über alle Maßen belustigte, konnte sich nun nicht mehr halten; er vergaß ganz und gar, dass er nicht zu der Schar gehörte und sprang mit den tollsten Sprüngen mitten zwischen sie. Die Kobolde umringten ihn sogleich und stürzten von allen Seiten herbei, doch ihn schien dies gar nicht zu kümmern; er tanzte fort und fort, und als er in die Nähe des Oberkoboldes kam, da führte er den spaßhaften Tanz eines Trunkenboldes auf, zu dem er laut zu singen anfing. Als die Gesellschaft dies sah und hörte, da lachte sie, dass es im Walde wiederhallte, und der Oberkobold sowohl als seine Genossen gaben das größte Entzücken zu erkennen. Als der alte Mann seinen Tanz beendet hatte, sagten sie: „Wie lange schon halten wir in diesem Walde unsere Feste, und noch nie haben wir etwas so spasshaftes gesehen, wie heute den Tanz dieses fröhlichen Alten! Er muss wiederkommen und an unseren Vergnügungen eilnehmen!" „Das will ich gern tun," sagte der alte Mann eifrig, denn es fing ihm doch wieder an unheimlich zu werden, „und das nächste Mal will ich es viel besser machen; heute habt ihr von meinen Künsten nur eine schwache Probe gesehen!" „Ach, wenn er heute uns verspricht, wiederzukommen," schrien die Kobolde, „so wird er doch sein Wort nicht halten, das wissen wir vorher." „So soll er ein Pfand hier lassen," sprach der Oberkobold; „geschwind, nehmt ihm die schöne Warze aus dem Gesicht!" „Nein, nicht die Warze," rief der alte Mann, „alles andere, nur die nicht! Ich habe die Warze nun schon so lange Jahre, von der kann ich mich nicht trennen!" „Nun, dann gerade wollen wir sie behalten, damit wir sicher sind, dass du sie wieder holst," sprachen die Kobolde, griffen ihm mit den Händen ins Gesicht, und fort war die Warze. Als der Tag graute, zogen die Kobolde ab und der alte Mann war ganz allein. Ungläubig befühlte er sein Gesicht – die Warze war und blieb fort.

Freudig eilte er heim und erzählte seiner Frau die wunderbare Begebenheit, und als die Leute ihn sahen, da wünschten sie ihm Glück dazu, dass er die hässliche Warze nicht mehr zu tragen brauchte.

Aber der neidische Nachbar nebenan, der ergrimmte bei der Nachricht und war nun doppelt ärgerlich über sein Gebrechen. Er ging zu dem glücklichen Alten, der die Warze verloren hatte, und ließ sich haarklein den ganzen Hergang erzählen, und als er sich alles genau gemerkt, da machte er sich auf und ging in den Wald. Bevor der Abend kam, fand er auch die beschriebene Stelle und versteckte sich in den hohlen Baum. Und gerade so, wie es der alte Mann erzählt, kam es auch diesmal. Die Kobolde zogen herbei, lagerten sich, schmausten und tranken, und als der Tanz begann, da riefen sie: „Wo ist der spaßige alte Mann? Kommt er noch nicht?" „Hier ist er," sprach zitternd vor Furcht der neidische Nachbar, und als die Kobolde vor Freude schrien, da fing er auch wirklich zu tanzen an, obgleich er gar nicht tanzen konnte. Und als er seine unbeholfenen Sprünge machte, da sprach der Oberkobold: „Du tanzt heute viel schlechter, als das vorige Mal; höre damit auf, ich kann es nicht mehr ansehen! Gebt ihm sein Pfand wieder" befahl er den anderen Kobolden, „und lasst ihn fortgehen!"

Die Kobolde warfen ihm die Warze ins Gesicht, genau an die Stelle, an der sie sein Nachbar getragen, und sie blieb ihm fest an der rechten Wange haften. Nun hatte er zwei große Warzen, und als er voll Kummer in das Dorf zurückkehrte, da musste er noch den Spott der Menschen ertragen und wünschte von Herzen, dass er nie in den Wald zu den Kobolden gepilgert wäre. Ja, ja, das konnte er auch bleiben lassen![58]

*Die Person mochte ich noch nie …*

## DIE ZWEI RIESEN

An einem großen Berg wohnten einst zwei Riesen, doch ganz getrennt voneinander. Auf der einen Seite des Berges hauste der wilde Witzel, gegenüber auf der anderen der prahlende Rotzel.

Eines Tages sagte der Witzel zu seiner Frau: „Den Rotzel mochte ich noch nie. Ich geh heute über den Berg und verprügele ihn." Also stieg er den Berg hoch und auf der anderen wieder hinunter. Er kam zum Haus des Rotzels, aber nur seine Frau war daheim.

---

[58] D. Brauns: Japanische Märchen und Sagen, Leipzig 1885.

„Wo ist der Rotzel? Der rotzelt mir zu viel, ich will ihn verprügeln." „Ach", sagte die Frau, „der Rotzel ist gerade nicht zu Hause. Aber komm doch herein, du kannst warten." „Ja, wo ist er denn hingegangen?" fragte Witzel. „Ja, schau dort zum Berg. Der Rotzel ist hinaufgestiegen, um zu pinkeln." „Um zu pi...?" „Ja", sagt esie, „schau nur, wie der Strahl herunterfällt." Dabei zeigte sie auf einen Wasserfall, der da unentwegt vom Berg fiel.

„Er wird vor drei Stunden nicht damit fertig sein. Komm nur herein, ich koche dir eine Tasse Tee." „Oi", dachte der Witzel, „drei Stunden macht der das, was muss das für ein Kerl sein!" Und er sagte zur Frau Rotzel: „Nein, danke, ich geh doch lieber über den Berg wieder nach Hause".

Er stieg auf der einen Seite hoch und auf der anderen Seite wieder runter und erzählte seiner Frau, was er erlebt hatte. „Und wenn er nun kommt und sich rächen will? Der macht Mus aus mir!" „Lass mich nur machen, und bleib du ganz still" beruhigte ihn seine Frau.

Unterdessen kam der Rotzel heim – er war gar nicht auf dem Berg gewesen, er war im Wald, Holz sammeln. Und seine Frau erzählte ihm, dass der Witzel da gewesen war und wie das so zugegangen war.
„Was!" schrie der prahlende Rotzel, „dieser Angeber, ich zerdrück ihn zu Mus!" Er stieg auf der einen Seite des Berges hinauf und auf der anderen Seite wieder herunter. Witzel sah ihn kommen und jammerte. „Sei still," sagte seine Frau, „leg dich ins

Bett, zieh die Decke bis über die Nase, und rühr dich nicht." Dann lief sie dem Rotzel entgegen und sagte: „Leise, leise, das Kind ist gerade eingeschlafen!"

Sie zog ihn am Ärmel mit ans Bett und sang: „Schlaf, Kindchen, schlaf ..." Der Rotzel schaute auf den Berg unter der Bettdecke und dachte: „Oi, wenn das das Kind des wilden Witzels ist, wie wild muss dann der Witzel selber sein!" Und er sagte zur Frau Witzel: „Ich geh doch wieder über den Berg nach Hause."

Er stieg auf der einen Seite des Berges hinauf und auf der anderen wieder hinunter, und seit der Zeit leben Witzels und Rotzels ganz friedlich nebeneinander.[59]

*Der alte Mann und der Tod*

**DER SPUK**

Auf einer Burg in Schottland, da lebte einmal ein wohlhabender alter schottischer Edelmann mit Namen McBlabber - Finlay McBlabber. Er war ein wirklich komischer Kauz, der alte McBlabber, denn er konnte es nicht lassen, dem Stubenmädchen dumme Streiche zu spielen. Überhaupt hatte er es mit den Streichen und eigentlich war niemand vor

---

[59] L. Knoch, Praxisbuch Märchen 2001, Märchen aus Ostfriesland, Erzählfassung: J.W.

ihm sicher. Er war berüchtigt für seinen Humor, den eigentlich nur er als spaßig empfand und sich darüber schief lachen konnte.

So hatte er einmal dem Stubenmädchen eine dicke Kröte ins Bett gelegt. Dem Gärtner hatte er alle frisch gesteckten Stecklinge rausgerissen und kopfüber wieder in die Erde gesteckt. Der Koch hatte auch zu leiden, ihm schüttete er einmal vier Pfund Salz in die Suppe.

Eines Tages stand der Tod bei ihm auf der Matte und sagte:

„Finlay McBlabber, du hast nun genug Unfug getrieben in deinem Leben. Es wird Zeit, dass du mit mir kommst."

„Aber gern," grinste McBlabber, „etwas Zeit wird doch wohl sein. Komm setze dich zu mir, wir trinken einen guten Wein und wenn wir getrunken haben, dann gehe ich mit dir."

McBlabber holte eine Flasche Wein aus dem Keller und schenkte dem Tod ein Glas voll ein. Der nahm das Glas und prostete dem Alten zu. Dann trank er es in einem Zug aus. Schon hob er seine Sense, um dem Alten McBlabber den Lebensfaden durchzuschneiden, da stieg ihm der Wein in den Kopf, die Sense fiel ihm aus der Hand und als er sie aufheben wollte, fiel er auf den Kopf, dass sein Schädel knackte.

Das Schlitzohr McBlabber hatte den Wein mit Whisky gemischt zu gleichen Teilen und das verträgt nicht einmal der Tod. Kurz gesagt, der Tod war besoffen wie ein Seemann nach dem Landgang. Seine Knochen stießen zusammen und klapperten erbärmlich. Er hatte Schwierigkeiten aufzustehen, torkelte zu einem Sessel, in den er sich kichernd fallen ließ.

„McBlabber, du bist ein Schelm," kicherte er, „aber ich fühle mich wie nie, lange hatte ich keinen Rausch mehr. Weißt du was, wir knobeln. Gewinnst du, dann lasse ich dich leben, gewinne ich, dann musst du bis in ewige Zeiten hier in diesem deinem Schloss spuken."

Das war nun ein Handel nach McBlabbers Geschmack. Er holte einen Würfelbecher und dann fingen sie an zu würfeln. Was aber McBlabber nicht wusste, der Tod hatte seine eigenen Würfel und mit denen verlor er nie. Dreimal hinter- einander würfelte er eine sechs. McBlabber aber dreimal eine eins.

Der Tod lachte schaurig und löste sich in Luft auf. Noch lange klang das Lachen des Todes in den Ohren des alten Finlay McBlabber.

Die Türe ging auf und der alte Diener Spot kam herein. Er schaute sich um und sagte:

„Mr. McBlabber, wo sind sie? Dabei schaute er sich suchend um, konnte ihn aber nirgendwo entdecken. „Ach bitte Mr. McBlabber, ich habe keine Lust auf ihre Spielchen, wo haben sie sich versteckt?"

McBlabber saß auf dem Sofa und wunderte sich. Der alte Diener ging zum Sofa und schaute dahinter. Niemand zu sehen. Dann setzte er sich auf das Sofa, genau neben McBlabber und schüttelte den Kopf. McBlabber wollte seinen Diener anstoßen, aber wie verwundert war er, als seine Hand einfach durch ihn hindurchfuhr. Verwirrt schaute er auf seine Hand und versuchte das

Weinglas zu ergreifen, aber auch das gelang ihm nicht. Er stand auf und ging zu einem großen Spiegel, der an der Wand hing und schaute hinein. Nichts. Er sah nichts, außer dem Zimmer hinter ihm.

Finlay McBlabber schrie auf. Hinter ihm schrie auch jemand, sein Diener hatte den Schrei gehört, konnte aber niemanden sehen.

McBlabber sagte:

„Spot, Spot können Sie mich hören?"

„Ja Mr. McBlabber, ja ich kann sie hören, aber bitte, wo sind sie. Sie machen mir Angst."

Jetzt wusste McBlabber, dass der Tod Wort gehalten hatte mit seiner Wette. Er war ein Spuk und musste nun herumgeistern in alle Ewigkeiten.

Nun verging eine lange Zeit. Das Schloss wechselte mehrmals den Besitzer, der alte Diener Mr. Spot war schon lange tot, aber der Geist des Finlay McBlabber war immer noch da.

Die Leute, die das alte Schloss gekauft hatten, verkauften es genauso schnell, wie sie es erworben hatten. Anfangs hatte der alte Spuk es ziemlich toll getrieben. Er geisterte des Nachts durch das Gemäuer und erschreckte die Menschen. Mit der Zeit hatte er auch herausgefunden, dass er Gegenstände nur scharf ansehen brauchte, um sie zu bewegen. Das nutzte er auch weidlich aus.

Einmal ließ er vom Dach des Schlosses einen steinernen Löwen in den Schlossgarten stürzen, knapp am Gärtner vorbei. Dabei lachte er laut und irre.

In der Schlossküche ließ er die Salatköpfe und die gebratenen Hühner um die Köpfe der Köche fliegen und dann allesamt zum Fenster hinaus.

In den Stallungen machte er die Pferde wild, dass sie sich losrissen und davonliefen. Am liebsten aber trieb er seine Scherze mit den Damen des Hauses. Er verbog ihre Reifröcke, vertauschte die Schminktöpfe, knotete die Bänder der Mieder zusammen und rupfte die Federn von den Hüten der Damen.

Im Keller aber da blieb alles so wie es war. Doch jede Nacht, bei Einbruch der Dunkelheit, da entkorkte der Spuk eine Weinflasche und trank sie aus.

Als niemand mehr das alte Gemäuer kaufen wollte, verschenkte der Bürgermeister der nahen Stadt das Schloss an eine arme irische Familie mit 13 Kindern. Das jüngste Kind der Familie hieß Samuel McDassel und war ein richtiger Ire. Feuerrote Haare und unzählige Sommersprossen waren sein Markenzeichen.

Als sie eingezogen waren, bemerkten sie, dass es in ihrem neuen Heim spukte. Das war genau beim Abendessen, als der Geist McBlabbers dem Hausherrn die Butterstulle aus der Hand nahm und sie durch die Küche fliegen ließ. Samuel klatschte in die Hände und rief:

„Das ist ja cool, mach das auch mit meinem Brot" und schaute gebannt auf das Brot, welches gemächlich seine Runden drehte um den Küchentisch und haarscharf an den Köpfen der Familie vorbei.

Der Vater der Kinder sagte:

„Kinder, seid ruhig. Ich schmiere mir ein neues Brot und wenn es dem Geist gefällt, dann kann er ja mit dem Brot weiterspielen. Ich möchte, dass ihr das Gehabe des alten McBlabber ignoriert. Tut so, als sei alles in Ordnung, egal was er anstellt."

Das taten sie dann auch und McBlabber tobte wie ein Irrer. Er schmiss die Blumenvasen um, verteilte den Ruß aus dem Kamin im ganzen Raum, pellte die Tapeten von den Wänden und machte noch allerlei Schaden. Vater McDassel und seine Familie taten so, als sei es das Selbstverständlichste von der Welt, dass der Geist so viel kaputt machte. Sie räumten es wieder auf, und ansonsten verlor keiner ein Wort darüber.

Eines Abends, ging der kleine Samuel in den Keller und da hörte er ein lautes Weinen. Er ging dem Geräusch nach und da sah er den alten Finlay McBlabber auf einem Weinregal sitzen, in der rechten Hand eine Flasche Wein, in der Linken eine Flasche Whisky, woraus er abwechselnd trank. Zwischen zwei Schlucken weinte er erbärmlich.

Samuel ging zu ihm hin, sah zu ihm auf und sagte:

„He du, McBlabber, warum flennst du so?"

Der Spuk schaute herunter und schluchzte:

„Warum tut ihr das, es macht keinen Spaß etwas kaputt zu machen, wenn keiner Angst hat und sich darüber aufregt. Ich mag nicht mehr spuken, ich will endlich meine Ruhe haben."

Samuel sah ihn mitleidig an und sagte:

„Wie kann ich dir denn helfen? Würde ich nämlich gerne tun."

„Wirklich?"

„Ja wirklich, also los, sag schon, was kann ich tun, um dir zu helfen?"

„Du musst den Tod für mich rufen und mit ihm würfeln, wenn du gewinnst, bin ich erlöst. Wenn du aber verlierst, dann spuken wir gemeinsam. Aber du musst vorsichtig sein. Tausche die Würfel vom Tod heimlich mit deinen eigenen, denn die gewinnen immer. Traust du dir das zu?"

Samuel grinste von einem Ohr zum anderen und sagte:

„Ich ruf ihn gleich, dann sind wir davon ab. Würfel habe ich in der Hosentasche. Schau, sind die gut?"

„Ja, ja, ja, die sind genauso wie die vom Tod."

Samuel stellte sich in die Mitte des Kellerraumes und rief:

„Heh Tod, kommst du mal? Ich will mit dir würfeln."

Kaum hatte er das letzte Wort gesagt, erschien der Tod mit seiner Sense in der Hand und sagte:

„Du wagst es mich zu rufen, du Wurm? Würfeln willst du mit mir? Weißt du nicht was passiert, wenn du verlierst?"

„Klar weiß ich das, du altes Knochengerüst. Aber wenn ich gewinne, muss der alte McBlabber frei sein und ich werde nicht verlieren."

„Das werden wir sehen."

Der Tod stellte die Sense in eine Ecke und holte aus dem weiten schwarzen Mantel drei Würfel heraus und sagte:

„Ich fange an, denn du hast mich herausgefordert."

„Moment", sagte Samuel, „Moment, erst will ich diese Würfel betrachten, ich trau dir nicht, du bist ein Betrüger."

Der Tod lachte und gab Samuel die Würfel.

„Dann schau nach, du kleiner Wurm, die Würfel sind in Ordnung."

Samuel nahm die Würfel und im gleichen Augenblick trat er dem Tod derbe vor das Schienbein. Der sprang auf und hüpfte auf dem anderen Bein erst einmal eine Runde durch den Keller.

Samuel tauschte die Würfel schnell aus und sagte:

„Stell dich nicht so an, komm her, die Würfel sind tatsächlich in Ordnung. Nun fange an und würfle."

Der Tod langte zu und würfelte ......... eine eins, eine vier und eine sechs.

Samuel nahm den Becher, ließ aber die Würfel des Sensenmannes in den Becher fallen, die er in der Hand versteckt hatte und würfelte ........ dreimal die Sechs!

Samuel hatte gewonnen. Er gab den Becher zurück und der Tod war sehr verwundert. Aber er konnte nicht anders, Samuel hatte gewonnen und so war auch der alte Finlay McBlabber erlöst. Der Tod schlich sich kopfschüttelnd davon und Samuel berichtete seinen Eltern, dass sie nun im in Frieden in dem Schloss leben konnten. Sein Vater strich seinem Sohn über den Kopf und sagte:

„Ich bin mächtig stolz auf dich. Wenn eines Tages der Tod zu dir kommt, dann würfle nicht mit ihm, denn zweimal fällt er auf dich nicht herein."

Sie lebten noch lange in dem Schloss. Lange und sehr glücklich, denn der alte McBlabber hatte Samuel gezeigt, wo er seinen Schatz verbuddelt hatte, bevor er in den Himmel ging.[60]

---

[60] Erzählung von Reni Becker m.f.E..

## DIE MÜHLE, IN DER ES NICHT MIT RECHTEN DINGEN ZUGING

Vor langer Zeit lebte einmal ein Müller, der war ein grober Mann und ein rechter Geizhals dazu und niemand wollte gerne etwas mit ihm zu tun haben. Doch weil er weit und breit der einzige Müller war, mussten die Leute doch bei ihm mahlen lassen und so wurde er reich und hochmütig. Er war so knickerig, dass er weder Mahlburschen noch Magd hielt. Der schuftete lieber selbst und Frau wie Tochter mussten wie Mägde schuften.

Eines Tages kam ein altes, armes Mütterchen zur Mühle. Es klopfte zaghaft ans Tor und bat um ein Stück Brot. Da hättet ihr den Müller hören sollen: „Geh fort von hier, du alte Hexe, du willst ja nur stehlen! Mach dich davon, sonst lass ich die Hunde los!" Hungrig hinkte sie davon und begegnete unterwegs einem jungen Müllerburschen, der suchte Arbeit und fragte: „Guten Tag, Mütterchen, weißt du nicht eine Mühle in der Nähe, wo ich Arbeit finden könnte?"

„Guten Tag, Bursche! Ja, die kenne ich, aber der Müller ist ein Grobian. Doch ich will dir guten Rat geben. Wenn du zum Mühlbach kommst, siehst du unten am Ufer ein schwarzes Steinchen, nimm es mit, es wird dein Glück sein. Dann geh, ohne zu fragen in die Mühle, iss und trink und leg dich ungefragt schlafen. Wenn sie aber mit dir schimpfen, so sage nur immer: ‚Schönsten Dank!'. In der Nacht, wenn alle schlafen, legst du das schwarze Steinchen in den Ofen und dann sieh zu, was geschieht." Dem

166

jungen Müllerburschen kam das alles sehr seltsam vor, aber die Alte sprach: „Es wird schon alles gut werden!"

Da fasste er Mut und ging den Weg zur Mühle. Unterwegs fand er am Bach das schwarze Steinchen und steckte es ein. Bei der Mühle angekommen, traf er auf die Müllerin und bat um ein Bett für die Nacht, die aber sprach: „Nein, hier ist keine Herberge!" – „Schönsten Dank!", sprach der Bursche, ging ins Haus und setzte sich auf die Ofenbank. „Der muss närrisch sein", dachte die Frau und sagte laut: „Ihr habt mich wohl nicht verstanden. Hier dürft Ihr nicht bleiben!" – „Schönsten Dank, schönsten Dank!", erwiderte er freundlich, und wie oft sie auch schalt, immer antwortete er: „Schönsten Dank!" und lächelte dazu. Schließlich ging die Frau in die Küche. Sie kochte das Essen für ihren Mann und stellte es auf den Tisch. „Schönsten Dank!", rief da der junge Mann, setzte sich an den Tisch und fing an zu essen. „Das ist nicht für dich, das ist für meinen Mann!", rief die Frau erbost. Doch der Müllerbursche ließ sich nicht stören, löffelte weiter und sprach dazwischen immer wieder: „Schönsten Dank!" Da bekam es die Frau mit der Angst zu tun, und als der Müller ins Haus kam, sprach sie: „Gut, dass du da bist. Wir haben einen unheimlichen Gast im Haus!", und sie erzählte ihm alles. Als der Müller dies hörte, wurde er wütend. Er ging auf den Burschen los, um ihn aus dem Haus zu werfen, aber dieser sprach immer freundlich: „Schönsten Dank!" Nun wurde es auch dem Müller unheimlich zumute, und da sein Essen schon aufgegessen war, sagte er zu seiner Frau: „Geh und mach mir mein Bett, ich bin müde." Die Frau machte das Bett bereit, da kam auch schon der Müllerbursche, zog sich aus und sagte: „Schönsten Dank!" Dann legte er sich ins Bett und schlief gleich tief und fest. Der Müller und die Müllerin aber mussten mitsamt der Tochter auf dem Boden schlafen. Mitten in der Nacht, als alle schliefen, stand der Müllerbursche auf, legte das schwarze Steinchen in die Asche und ging wieder ins Bett.

Am nächsten Morgen sollte die Müllerstochter den Ofen einheizen. Sie bückte sich, wollte in die Glut blasen, aber was war das? Anstatt zu blasen, sagte sie immer: „Widewau, widewau, widewau!" Aber davon wollte das Feuer nicht angehen. Sie rannte zur Mutter und rief: „Widewau, Mutter, das Feuer will, widewau, nicht, widewau, brennen, widewau!" Die Mutter schüttelte den Kopf, ging zum Feuer und wollte blasen. Aber anstatt zu blasen, rief sie immerzu: „Widewau, widewau!" Nun kam der Müller dazu, schimpfte mit den Frauen, nahm trockenes Holz, legte es auf die Glut und wollte blasen, da fing es auch bei ihm an: „Widewau, widewau, widewau!" Vater, Mutter und Tochter widewauten einer lauter als der andere und endlich schickten sie die Tochter zum Küster, damit der ihnen helfe.
„Guten Tag, widewau, Herr Küster, widewau, bitte kommt mit, widewau, helfen Sie uns, widewau, widewau!" Der Küster wunderte sich über die Müllerstochter, die doch sonst so klug war, und ging mit zur Mühle. Da standen der Müller und die Müllerin neben dem Ofen und schrien: „Widewau, Herr Küster, widewau, helft uns!" Schließlich verstand der Küster, dass sie Feuer im Ofen machen wollten, und er bückte sich zum Ofen hinunter, um in die Glut zu

blasen, doch ihm ging es nicht anders als den anderen und er konnte nur noch sagen: „Widewau, widewau!"

Da blieb ihnen nichts anders übrig, als den Pfarrer zu holen. Die Müllerstochter ging zu ihm und redete gleich auf ihn ein: „Widewau, Herr Pfarrer, widewau, wir haben einen bösen Geist im Ofen, widewau, kommt und helft uns!" Der Pfarrer war ganz erstaunt, doch er folgte dem Mädchen zur Mühle. „Widewau, Herr Pfarrer, widewau, helft uns doch!", sprach der Müller. „Ich will, widewau, auch ein besserer Mensch werden, widewau, widewau!" Der Pfarrer nahm seine Brille, schaute sich den Ofen genau an. Jetzt möchtet ihr wohl wissen, was nun geschah, aber in diesem Augenblick kam der Müllerbursche herein. Vom Lärm geweckt hatte er sich angezogen und hörte nun, wie der Müller versprach, ein besserer Mensch zu werden. Dann er sah die hübsche Müllerstochter an und hörte, und wie alle miteinander um die Wette widewauten. Da sprach er zum Müller: „Ich werde euch helfen! Ich kann den Zauber lösen, aber ihr müsst mir dafür eure Tochter zur Frau geben." - „Ja, widewau!", rief der Müller. „Du sollst sie bekommen, widewau, und auch die Mühle, widewau, wenn du uns nur befreist, widewau-wauwau!" Der junge Mann bückte sich, schaute in den Ofen, nahm, ohne dass es jemand merkte, das schwarze Steinchen aus der Asche und blies in die Glut. Da ging das Feuer an, dass die Funken stoben, und von dem Augenblick an konnten alle wieder richtig reden.

Der junge Mann gefiel der Müllerstochter auch. So gab der Müller sie dem Burschen zur Frau und der Pfarrer traute die beiden sogleich. Sie übernahmen die Mühle und alle Not hatte ein Ende, denn der junge Müller verdiente so viel, dass er auch seinen Eltern noch genug geben konnte. Der alte Müller aber war von Stund an ein freundlicher Mensch geworden, worüber sich alle nicht genug verwundern konnten.[61]

## XI  Für alte Menschen und hohe Geburtstage

*Zu viel gewollt*

### DER BRUNNEN DER JUGEND

Vor langer Zeit lebte einmal ein Köhler mit seiner Frau. Eines Tages war der Alte wieder in die Berge gegangen, um seinen Meiler leer zu räumen, als ihm von der Hitze die Kehle immer trockener wurde. „Gibt es hier in der Nähe nicht irgendwo eine Quelle?" dachte er und begab sich auf die Suche. Und wahrhaftig, im Schatten eines Felsens fand er klares Quellwasser. Mit beiden Händen schöpfte er und trank dieses unglaublich wohlschmeckende

---

[61] Widewau, Deutsches Märchen aus „Die schönsten Märchen der Welt für 365 und einen Tag", L. Tetzner, Jena 1926. Erzählfassung: H. C. Heim.

Wasser. Er schöpfte noch einmal  und fühlte sich wunderbar erfrischt. Ohne dass der Alte es gemerkt hatte, wurde er dadurch wieder jung, auch seine krummen Hände wurden wieder gerade und er verspürte neue Kräfte. Das freute ihn sehr! Er füllte seinen Tragekorb mit Kohlen, nahm ihn auf den Rücken und trug ihn ohne viel Mühe nach Hause zurück. „Mütterchen, ich bin jetzt wieder da!" rief er ins Haus. - „Heute bist du aber schnell zurück!" Die Alte kam heraus, warf einen einzigen Blick auf ihren Mann und war verblüfft: „Ach, mein lieber Mann, auf welche Weise bist du denn plötzlich wieder so jung geworden?" – „Nun, das muss wohl die Quelle auf dem Berg gewesen sein. Als ich daraus trank, fühlte ich mich plötzlich so frisch!".

Die Alte beneidete ihn sehr und sprach am nächsten Morgen: „Väterchen, was ist das für eine wunderbare Sache! Aber du sollst nicht allein jung sein, auch ich will wieder jung werden." Sie ließ sich von ihrem Mann genau beschreiben, wo die Quelle zu finden war. Er musste dann das Haus hüten und sie stieg den Berg hinauf. Aber sie kam am Nachmittag nicht wieder zurück und sie kam am Abend nicht wieder zurück. „Hat sie sich irgendwo verirrt? Ich muss sie suchen!"

Der Alte stieg noch einmal zur Quelle hinauf. Als er sich ihr näherte, hörte er schon von weitem das Weinen eines kleinen Kindes. Was war geschehen? Die Alte war zu gierig gewesen und hatte gemeint, sie könnte nicht jung genug werden. Darum hatte sie zu viel von dem Wasser getrunken und war wieder zu einem kleinen Kind geworden. – Nun, was war da zu machen? Widerwillig nahm der Mann das Kind auf, trug es heim und zog es auf. [62]

*Jugend und Alter*

## DIE SCHACHPARTIE IM GEBIRGE

Hieu war eigentlich ein Holzhauer in einem Dorf in Vietnam. Einst hatte ein Tiger seinen Vater fortgeschleppt, als er im Wald gearbeitet hatte. So blieb die Mutter mit den vielen Kindern alleine zurück. Doch seit dieser Zeit half Hieu seiner Mutter, den Lebensunterhalt zu verdienen, und das war bei den zahlreichen Brüdern und Schwestern nicht leicht. Er war ein kräftiger und mutiger Bursche und schlug beinahe so viel Holz wie ein Erwachsener. Darüber war seine Mutter sehr froh, denn ihre Kräfte hatten sich schon früh verbraucht und so musste sie sich nicht mehr allzu viele Sorgen machen. Trotzdem nahm sie einige Näharbeiten an, die man ihr anvertraute; doch war sie nicht mehr gezwungen, sich bei anderen zu mühsamer Arbeit zu                                  verdingen.
Eines Winterabends kehrte Hieu schwer beladen heim. Da sah er am Rande des Pfades eine reglose menschliche Gestalt liegen. Er setzte seine Holzlast ab und beugte sich über sie hinab. Es war ein alter Mann, der nur noch ganz schwach atmete. Hieu

---

[62] H. Hammitzsch, Japanische Märchen, Köln 1964, Erzählfassung: H.C. Heim.

nahm ihn auf seinen Rücken und trug ihn in seine Strohhütte. Seine Mutter und er pflegten den Kranken, ohne sich selbst zu schonen. Sie hatten ihre Freude, als sie sahen, wie er wieder aufblühte. Sie behielten ihn bei sich, um seine vollständige Genesung abzuwarten. Ohne je an irgendeine Bezahlung zu denken, opferten sie sich für ihn auf.

Eines Abends sagte der Alte zu Hieu: „Bevor ich Euch verlasse, will ich Euch meine Dankbarkeit bezeugen. Ihr seid dieses Jahr ins Buch der Toten eingeschrieben. Ich werde Euch aber ein Mittel verraten, das Euch retten kann. Achtet gut auf das, was ich Euch sage: Am ersten Tag des Monats brecht früh auf. Nehmt eine Kalebasse Wein und zwei Tassen mit. Wenn Ihr den Wald durchquert habt, geht auf die Sonne zu, bis Ihr einen tiefblauen See erreicht. Dann steigt in das Gebirge, und geht links an einem Wasserfall vorbei. Nicht weit vom Gipfel entfernt werdet Ihr zwei Alte beim Schachspielen sehen. Macht keinen Lärm, aber haltet Euch in ihrer Nähe. Wenn sie zu trinken verlangen, gießt ihnen von Eurem Wein ein. Wartet, bis sie ihre Partie beendet haben, dann könnt Ihr Eure Bitte an sie richten." Am nächsten Morgen bemerkte Hieu, dass sein Gast verschwunden war.

Am ersten Tag des folgenden Monats brach Hieu schon lange vor Sonnenaufgang auf. Seine Tassen waren gut verstaut, und die Kalebasse hing über seinem Rücken.

Als er den Wald durchquert hatte, wanderte er auf einem Weg, den er nicht kannte. Die Sonne war schon lange aufgegangen, als er den See erreichte, dessen Wasser tiefblau leuchtete. Im Walde, der den Abhang des Gebirges bedeckte, hörte er den Gesang unbekannter Vögel. Er ertönte in einer seltsam lebendigen und reinen Melodie. Hieu hielt an, um ihm zu lauschen. In den Pausen des Vogelgesanges hörte er das Brausen eines entfernten Wasserfalles. Er wandte sich in diese Richtung und ging links am Wasserfall vorbei. Bald hatte er den Waldesrand erreicht. Ganz in Licht gebadet lag vor ihm eine wunderschöne Berglandschaft. Auf dem schönsten Platz saßen zwei Greise unter einem großen Kiefernbaum. Sie hockten mit gekreuzten Beinen auf einem glatten Steintisch. Hieu näherte sich ohne Lärm und erkannte deutlich ihre schönen Gesichter, die trotz vieler Runzeln vor Frische glänzten. Sie spielten still, überlegten reiflich ihre Züge, und jedes Mal, wenn sie sich ein wenig bückten, um einen Bauern vorzuziehen, streifte die Spitze ihres langen weißen Bartes die roten Linien des Schachspiels, das auf den Stein gezeichnet war. Neben jedem der Spieler bemerkte Hieu ein dickes, geschlossenes Buch. Unbeweglich wartete er eine Weile. Als spräche er zu seinem Diener, verlangte einer der Alten, ohne die Augen vom Schachspiel zu nehmen: „Etwas zu trinken!" Hieu beeilte sich, die Tassen zu füllen und stellte sie in Reichweite ihrer Hände. Sie leerten die Tassen, waren aber noch immer ganz ins Spiel versunken. Dreimal wiederholte sich der Vorgang. Als die Partie zu Ende war, erhob der Sieger zuerst die Augen. Im gleichen Augenblick beugte Hieu die Stirn zur Erde und sagte:

„Wohltätige Geister, verschont mich und habt Erbarmen mit meiner Mutter. Sie ist alt und schwach. Gewährt mir noch einige Jahre, bis meine Brüder groß und stark sind und mich bei ihr ersetzen können."

Der eine der Alten neigte sich zum anderen. Dieser öffnete sein Buch, nahm einen Pinsel und änderte eine Zeile. Dann sagte er zu Hieu:

„Es ist dir gelungen, dass wir von deinem Wein getrunken haben. Was aber mehr wiegt: Du bist ein guter Sohn und hast einen Menschen gerettet. Du sollst hundert Jahre alt werden."

Hieu kniete noch immer. Er fühlte einen Hauch über seinem Kopf. Als er die Augen ein wenig hob, sah er, dass der Stein zu beiden Seiten des Schachspiels leer war. So konnte er den Geistern nicht einmal danken. Eilig machte er sich auf den Heimweg. Sein Herz floss über vor Freude; doch wagte er nicht, jemandem seine Geschichte zu erzählen, selbst seiner Mutter nicht.

Später kam Hieu ,der Heilige' wieder einmal ins Gebirge. Er fand den See wieder, dann den Wald mit dem Wasserfall. Aber das Wasser des Sees war nicht mehr blau, die Waldesluft hallte nicht vom Gesang der Vögel wider. Nur der Wasserfall grollte in der Stille.

In der Ferne warf die gleiche Kiefer ihren Schatten über einen rauen Felsen. Vergeblich suchte Hieu darauf die roten Linien des Schachspiels der Geister.[63]

---

[63] Pham Duy Khiem, Vietnamesische Märchen, 1968, Erzählfassung J. Wagner.

## DIE GOLDENE SCHALE

In alten; fernen Zeiten lebte einmal ein grausamer Chan, der wollte mit seinem Volk in ein anderes Land ziehen, wo die Weideplätze größer waren. Doch der Weg dorthin war weit und beschwerlich. Darum gebot der Chan, alle alten Menschen zu töten. „Die Greise werden uns unterwegs behindern, darum darf kein alter Mensch am Leben bleiben! Wer dieses Gebot nicht befolgt, den soll grausame Strafe treffen!" So schwer es die Menschen auch ankam, sie mussten dem Gebot Folge leisten. Nur ein einziger Jüngling, Zyren mit Namen, widersetzte sich dem Befehl und tötete seinen alten Vater nicht.

Der Chan machte sich also auf mit seinem Volk und mit den Viehherden. Mit ihnen zog auch Zyrens alter Vater. Wohl versteckt saß er in einem großen Ledersack, der auf ein Lasttier geschnallt war. Heimlich gab Zyren dem Vater zu essen und zu trinken. Wenn sie nachts rasteten, knüpfte er den Sack auf und ließ den alten Mann heraus, dass er die erstarrten Hände und Füße bewegen konnte. So zogen sie lange dahin und kamen an ein großes Meer. Dort sah man auf dem Meeresgrund einen funkelnden Gegenstand, eine große, goldene Schale von herrlicher Form. Der Chan gebot, ihm die Schale zu bringen. Weil keiner freiwillig bis auf den Meeresgrund tauchen mochte, entschied das Los. Der erste Taucher kehrt nicht zurück. Das Los traf einen anderen. Er stürzte sich vom hohen Steilufer hinab und verschwand auf ewige Zeiten im Meer. So fanden viele Männer des Volkes im Meer den sicheren Tod. Endlich traf das Los den jungen Zyren. Er ging zu seinem Vater und sprach: „Vater, leb wohl! Wir gehen gemeinsam in den Tod." - „Was ist geschehen? Weshalb musst du sterben?" – „Ich muss auf den Grund des Meeres tauchen, um die goldene Schale zu heben. Von dort ist bislang noch keiner zurückgekehrt." – Da lachte der Alte heiter. „Aber diese Schale liegt ja gar nicht auf dem Meeresgrund! Siehst du dort jenen Berg, der am Meer aufragt? Auf dem Gipfel dieses Berges steht sie. Was ihr für die Schale haltet, ist nur ihr Spiegelbild!" - „Was soll ich tun?" - „Besteige jenen Berg. Wenn die Schale auf einem so wilden Felsen steht, dass du ihn nicht zu erklimmen vermagst, dann warte ab, bis die Rehe kommen und erschrecke sie. Sie werden flüchten, gegen die Schale stoßen und dann fange sie rasch auf!"

Wie sein Vater es vorausgesagt hatte, so geschah es. Als die Rehe die Schale anstießen, fing Zyren sie geschickt auf. Munter und zufrieden kletterte er den Berg hinab, begab sich zum Chan und stellte die Schale vor ihn hin. Frage der Chan: „Wie hast du sie vom Meeresgrund geborgen?" – „Ich habe sie vom Gipfel jenes Berges dort geholt. Im Meer war nur das Spiegelbild." - „Wer hat dir das gesagt?" - „Ich habe es selbst erraten." Da entließ der Chan den Jüngling gnädig.

Anderntags setzte der Chan mit seinem Volk den Weg fort. Lange zogen sie umher und gelangten in eine endlose Wüste. Unbarmherzig glühte die Sonne auf die verbrannte Erde, nicht einmal ein

schmales Bächlein war zu sehen. Menschen und Vieh plagte der Durst. Die Boten des Chans ritten auf der Suche nach Wasser in alle Richtungen, stießen jedoch auf keine Quelle. Schrecken packte die Menschen. Zyren schlich sich heimlich zu seinem Vater und fragte: „Vater, sag, was sollen wir tun? Wir alle verdursten!" Wieder lachte der alte Vater fröhlich. Er riet dem Sohn: „Lasst eine dreijährige Kuh frei und folgt ihr. Wo sie stehen bleibt und im Sande schnüffelt, dort hebt einen Brunnen aus." Als Zyren die Kuh freiließ, begann sie plötzlich, im heißen Sand zu schnüffeln. „Hier wollen wir graben!" gebot Zyren. Die Menschen begannen zu graben und stießen bald auf eine unterirdische Quelle. Kalt und rein sprudelte das Wasser. Alle löschten ihren Durst und erquickten sich. Der Chan ließ Zyren zu sich rufen und fragte: „Wie hast du in dieser Sandwüste die unterirdische Quelle zu finden vermocht?" - „Ich habe die Zeichen bemerkt."
Die Menschen labten sich, verschnauften und zogen weiter.

Als sie wieder einmal ihr Lager aufschlugen, um zu rasten, ging nachts ein starker Gussregen nieder und löschte alle Feuer aus. Wie sehr die Menschen sich auch mühten, es gelang ihnen nicht, aufs Neue ein Feuer anzuzünden. Zitternd vor Kälte und bis auf die Haut durchnässt, wussten sie nicht, was beginnen. Endlich bemerkte jemand auf dem Gipfel eines fernen Berges einen Feuerschein. Der Chan befahl, Feuer von dort zu bringen.
Viele Menschen machten sich auf zu jenem Berg. Alle gelangten zu der Feuerstelle. Dort saß ein Jäger und wärmte sich. Jeder nahm einen schwelenden

Scheit aus der Glut, doch keiner brachte ihn wohl-
behalten zum Rastplatz, denn der Regen löschte die
Glut und der erzürnte Chan ließ sie alle hinrichten.
Zyren schlich heimlich zu seinem Vater und fragte;
„Wie kann man das Feuer vom Berg holen?" Der
Greis lachte leise und sprach: „Nimm einen großen
Kessel, schichte recht viel Holzkohle hinein, lege
zuletzt einen Deckel darüber und du wirst das
Feuer sicher bringen." Zyren tat, wie der Vater ihn
gelehrt und die Menschen konnten ihr Feuer an
dem seinen entfachen. Sie trockneten ihre Kleider,
wärmten sich und kochten das Essen. Als der Chan
erfuhr, wer das Feuer gebracht hatte, schrie er Zyren wütend an: „Was fällt dir ein? Hast du gewusst,
wie man das Feuer herbeischaffen muss, und hast
so lange geschwiegen? Warum hast du es nicht sofort gesagt?" - „Hab ich ja selbst nicht geahnt", gestand Zyren. „Wie hast du es dann in Erfahrung gebracht?" Der Chan setzte dem Jüngling so lange zu,
bis Zyren endlich eingestand: „Mein Vater hat mir
immer geraten!" - „Wo ist dein Vater?" fragte der
Chan. Zyren erwiderte: „Ich habe ihn den weiten
Weg in einer ledernen Tasche mitgenommen." Da
befahl der Chan, den alten Mann herbeizuführen,
und sprach zu ihm: „Ich nehme mein Gebot zurück.
Alte Menschen sind für die Jungen wahrlich keine
Bürde. Alter bedeutet Weisheit. Du brauchst dich
fortan nicht mehr zu verstecken und kannst gemeinsam mit uns allen weiterziehen!"[64]

---

[64] *Burjatisches Märchen aus: Die goldene Schale, H. Eschwege,
Moskau 1962. Erzählfassung H.C. Heim.*

## DER HEILIGE JOSEF UND SEIN VEREHRER

Es war einmal ein Mann, der verehrte den heiligen Josef. Zu ihm richtete er all seine Gebete, für ihn opferte er viele Kerzen, für ihn gab er viele Almosen – kurz und gut, er kannte nichts anderes als den heiligen Josef.

Nachdem er gestorben war, wanderte er zum Tor des Paradieses, doch der heilige Petrus verwehrte ihm den Eintritt. „Was willst du denn da? Hast du jemals zu unserem Herrn gebetet? Nein! Oder zur Madonna? Nein! Oder zu allen Heiligen? Nein! Du hast getan, als ob es die alle nicht gäbe!" – „Nun ja, das sehe ich ein. Aber wenn ich schon hier bin, dann lasst mich doch bitte wenigstens einmal den heiligen Josef sehen."

Da ging Petrus und holte ihn. Kaum hatte der heilige Josef den Mann gesehen, sagte er: „Da bist du ja, du Braver! Komm nur gleich herein!" - „Ich kann ja nicht, der da lässt mich nicht!" – „Und warum?" – Weil ich nur zu euch gebetet und nur euretwillen gute Werke getan habe." – „Ach, was macht das schon? Komm nur getrost herein!"

Aber der heilige Petrus wollte nicht und sagte: „Mir wurden die Schlüssel zum Paradies übergeben und nicht dir! Und ich muss Rechenschaft ablegen, wenn ich hereinlasse." Da entgegnete der heilige Josef: „Freilich kannst du hereinlassen oder draußen lassen, wen du willst. Aber das sage ich dir: Wenn du jenen Mann nicht hineinlässt, nehme ich meine Frau und mein Kind und mache das Paradies woanders auf!" Da wusste der Heilige Petrus nicht, was er machen sollte. Er kratzte sich hinterm Ohr, trat von einem Fuß auf den anderen und sagte schließlich: „Also gut! Man muss das kleinere Übel wählen." Und so kam der Verehrer des Heiligen Josef auch ins Paradies.[65]

## XII  Wenn es ans Sterben geht

*Mein Vater schläft*

## DER TOD UND DAS KNÄCKEBROT

𝕰s war und es war nicht. Doch man könnte es nicht erzählen, wenn es nicht gewesen wäre. - Es waren einmal ein Mann und eine Frau, die hatten ein einziges Kind. Arm waren sie. Der Mann arbeitete von früh bis spät, aber nur mit Mühe und Not konnten sie von einem Tag zum anderen ihr Leben fristen. Und dann, im Winter, kurz vor Weihnachten, wurde der Mann krank. Seine Frau pflegte ihn, so gut sie konnte. Sie rackerte sich ab, arbeitete für zwei, aber ihrem Mann ging es nur immer schlechter.

---

[65] F. Karlinger, Legendenmärchen, Köln 1967, Erzählfassung H.C. Heim.

Eines Nachts wachte sie mit dem Jungen bei dem Kranken. Der schlief.

„Ach Mutter, wird er nicht bald aufwachen? Er hat schon so lange geschlafen." – „Ich weiß es nicht, mein Kind." - „Mutter, hast du nicht ein bisschen Knäckebrot? Wenn ich es esse, wird der Vater vielleicht wach." – „Liebes Kind, wir wollen abwarten. Vielleicht morgen. Geh nun schlafen!"

Der Junge aber stahl sich hinaus, nur das Nachthemd auf dem Leib.

Es war Winter und kalt. Von Hof zu Hof ging er. „Liebe Leute, gebt mir ein Stück Knäckebrot! Mein Vater schläft. Ich muss ihn wecken." Aber wohin er auch kam, nirgends gab man ihm etwas. „Mach dass du wegkommst! Jetzt ist nicht die rechte Zeit zum Betteln! Alle sind wir arm!" Endlich kam er zu einem Hof, auf dem man ihm weiches Brot gab. „Nein, das ist nicht das Richtige. Ich muss Knäckebrot haben, dass mein Vater es hört, wenn ich knabbere. Vielleicht wacht er dann auf. Er schläft so fest."

Und damit ging er weiter. Bald war er in allen Häusern des Dorfes gewesen und hatte doch nichts bekommen. Er wollte schon umkehren, da gewahrte er noch ein Licht, weit in der Ferne. Und frohen Mutes ging er darauf zu. Er fand ein kleines Häuschen, in dem saß ein alter Mann und schärfte seine Sense. „Guten Tag, lieber Mann!" – „Guten Tag!" - „Was willst du denn mitten im Winter mit einer Sense? Jetzt gibt es doch nichts zu mähen!" - „Meine Ernte reift im Sommer und im Winter." - „Du musst ein sonderbarer Mann sein. Aber sag, willst du mir nicht ein Stückchen Knäckebrot geben? Mein Vater schläft. Und wenn ich an dem Knäckebrot knabbere – vielleicht wacht er dann auf." - „So, so. Vor einiger Zeit kam einmal eine alte Frau zu mir und ließ mir diese Tüte hier. Die kannst du nehmen. Vielleicht ist darin auch Knäckebrot."- „Aber vielleicht kommt sie wieder und will sie wieder haben?"- "Nein, das tut sie nicht. Nimm sie nur. Und jetzt können wir gehen, wir haben denselben Weg."

Sie gingen und bald waren sie zu Haus bei dem Kranken. Froh kniete der Junge am Bett des Vaters nieder und knabberte an seinem Knäckebrot. Das knisterte und knasterte, aber der Vater rührte sich nicht. „Ach, lieber Ohm, nimm du doch auch ein Stückchen und beiß ab! Vielleicht wacht er dann auf!"
Und der Tod nahm ein Stück Brot, setzte sich und aß. Das knasterte so herrlich lebendig im ganzen Zimmer. Die Sanduhr des Mannes aber rann und rann. Immer leerer und leerer wurde eines der Gläser und bald war das letzte Sandkorn aus ihm herausgelaufen.

Dem Tod aber war so beschäftigt mit dem Knäckebrot, dass er ganz vergaß, mit seiner Sense just in dem Augenblick zuzuschlagen, da der Sand aus dem Stundenglas geronnen war. Damit hatte er den rechten Augenblick verpasst und leise verschwand er. Der Mann aber erwachte allmählich und sein Leben kehrte zurück. „Wie gut sich das anhört, wenn du Knäckebrot knabberst, liebes Kind! Gib mir doch auch ein Stück!" Zufrieden brach der Junge ein

Stück von dem Brot ab und fröhlich knabberten und aßen sie beide.

„Siehst du Mutter, habe ich nicht Recht gehabt? Der Vater ist aufgewacht. Jetzt isst er schon von dem guten Brot."[66]

*Ein weiser Lehrer*

## DER KÖNIGSSOHN UND DER TOD

Es war einmal ein mächtiger König, dem es an nichts fehlte: er hatte großen Reichtum angehäuft und war geehrt im ganzen Land. Sein Stolz aber waren hochgelehrte Philosophen, die ihn bei allem berieten, was er unternahm. Nun geschah es, dass ihm die Königin einen Sohn gebar. Der wuchs heran, wie es einem Königskinde geziemt, freundlich und tüchtig, männlich und ohne Falsch und Fehl. Als es so alt war, dass an seine Unterweisung gedacht werden musste, stand eines Tages beim Mahl der weiseste Meister in der Halle auf, trat vor den Thron und sagte: „Herr, ich erbiete ich mich, euren Sohn in jeglicher Wissenschaft zu unterweisen, sodass er weiser werden wird wie alle anderen." Der König aber hüllte sich in ein dunkles Schweigen. Endlich sprach er: „Was könntest d u denn meinen Sohn lehren? Mein Sohn soll nicht zu deinen Füßen sitzen, sondern er soll einen Meister erhalten, der ihn

---

[66] C. H. Tillhagen, Taikon erzählt Zigeunermärchen, Zürich 1948. Erzählfassung: H. C. Heim

in unbekannter Weisheit unterrichten kann, von der ihr noch nie etwas gehört habt!"

Nach einigen Tagen wurde leise an die Tür gepocht, und als die Wächter nachsahen, stand draußen ein Mann, der verlangte, vor den König geführt zu werden. Er trug einen weißen Filzhut, sodass man sein Gesicht nicht genau sehen konnte, rückte zum Gruß nur wenig an der Krempe und sagte: „Heil Euch, Herr! Ihr seht, dass ich ein Weiser bin, und da mir ein Wort von Euch wegen des Unterrichts Eures Sohnes zu Ohren gekommen ist, so bin ich gekommen, um ihm mit meinem Wissen zu dienen. Was ich ihn lehren kann, wird keinem lebenden Menschen bekannt sein. Da ich aber schon alt bin, mag ich dem Lärm der Welt nicht mehr ausgesetzt sein. Darum lasst für uns im Wald, zwei Meilen vor der Stadt, ein Haus errichten und Unterhalt für ein ganzes Jahr hinschaffen; denn ich will, dass uns dort niemand störe." Darüber war der König froh und er ließ sogleich alles so herrichten.

Als der Meister und der Königssohn das Haus bezogen hatten, da setzte sich der Meister, wie es ihm zukam, auf den hohen Sitz, und der Königssohn setzte sich ihm zu Füßen, so demütig, wie ein Kind geringen Standes. Und so saßen sie am ersten Tag und schwiegen, und den zweiten und den dritten, und kein Wort wurde laut. Um es kurz zu machen, das ganze Jahr diente der Königssohn von früh bis spät dem Meister und saß schweigend zu seinen Füßen. Und als das Jahr zu Ende war, sagte der Meister: „Morgen, mein Sohn, wird man uns holen und vor den König führen. Er wird dich nach dem Unterricht fragen. Antworte ihm, du dürftest davon nichts sagen, du wissest aber, dass dergleichen noch nie ein menschliches Ohr vernommen habe." So geschah es. Und als der König den Sohn fragte, ob er noch länger bei diesem Meister lernen wolle, willigte der Sohn ein.

Das zweite Jahr verlief wie das erste, und wieder entschloss sich der Königssohn, in der Einsamkeit zu verharren, und das dritte Jahr verging in demselben Schweigen. Als aber auch dieses Jahr zu Ende war, sagte der Meister: „Mein Sohn, nun sollst du den gerechten Lohn für dein Schweigen, deine Geduld und deine Treue erhalten; denn du bist der Lehre würdig, die noch keinem Wesen zuteilgeworden ist. Wisse, ich bin kein Mensch, sondern ich bin der Tod, und die Weisheit, die ich dir geben will, soll dich berühmt machen in allen Landen. Wenn ein Mensch in der Stadt krank wird, so gehe zu ihm. Sitze ich bei seinen Füßen, so wird er lange krank sein, aber davonkommen. Sitze ich an seiner Seite, ist die Krankheit kürzer und schwerer, doch er wird genesen. Sitze ich aber zu seinen Häupten, so ist ihm der Tod gewiss.

Und eines noch will ich dich lehren: Erkranken deine Freunde oder jemand, der dir wichtig ist und ich sitze nicht zu Häupten des Kranken, so nimm den Vogel Karadius und halte ihn dem Kranken vor's Gesicht, er wird die Krankheit aufsaugen. Dann lass ihn los, so fliegt er mit der Krankheit hoch in die Luft zur Sonne. Die nimmt sie auf und zerstört sie in ihrer Hitze. - Und damit ist meine Lehre zu Ende und unser erstes Zusammensein. Wir werden uns zwar wiedertreffen, aber das wird dir keine Freude bringen."

Beide wurden vor den König gerufen und der Königssohn stellte dem Meister ein Zeugnis hohen

Lobes aus. Der König dankte dem Meister und ließ ihm viele Geschenke bringen. Der aber schlug alles aus und bat nur darum, Abschied nehmen zu dürfen.

Die Weisheit des Königssohnes wurde zunächst nicht so hoch angeschlagen, aber mit der Zeit gewann er Ansehen, und das wuchs immer mehr, und schließlich urteilte man, ein Arzt wie er sei noch nie geboren worden. Auf dem Höhepunkt seines Ruhmes aber starb sein Vater. Da bestieg er den Thron. Trotz seiner Gabe war er nicht hochmütig, sondern blieb sanft und mild, sodass ihm jeder von Herzen zugetan war. So vergingen seine Jahre in Ruhm und Glück, und selbst in hohem Alter war er immer noch ein rüstiger Mann.

Aber eines Tages überfiel ihn doch eine heftige Krankheit, die wenig Aussicht auf Rettung ließ. Er wurde darüber sogar ohnmächtig. Als er wieder erwachte, sah er, dass sein alter Meister mit dem breiten Filzhut dicht neben seinem Kopfe saß. „Meister, warum bist du so bald zu mir gekommen?" - „Es muss einmal so sein, mein Sohn." – „Das hätte ich damals nicht gedacht, als ich, ein Königskind, drei Jahre lang schweigend zu deinen Füßen saß, dass du mich jetzt, aus der Fülle des Glücks und der königlichen Ehren herausreißen würdest, wo ich doch noch so rüstig bin und noch gut regieren kann." – „Wohl ist es wahr, dass du viel erdulden musstest. Dafür hast du aber auch viel bekommen. Und jetzt musst du mit mir gehen!" Da bat der König: „So viel Frist wirst du mir aber doch gewähren, dass ich noch ein Vaterunser beten kann." Damit war der Meister einverstanden. Der König sprach die ersten vier Bitten, aber als er aber zu der Stelle gekommen war: „Und vergib uns unsere Schuld", schwieg er still. Der Tod wartete lange und sagte endlich: „Warum, mein Sohn, betest du nicht weiter?" - „Ich will nicht. Den Schluss des Vaterunsers werde ich erst beten, wenn ich so lange gelebt habe, wie mein Herz begehrt." Der Tod sagte: „Es ist deiner List gelungen, mich zu betrügen und so wirst du für diesmal deinen Willen behaupten." Damit ging er hinweg, und der König wurde so rasch gesund, dass es allen ein Wunder war.

Der König lebte in Ehren noch viele, viele Jahre; dann aber hatte ihn das Alter so gebeugt und so gelähmt, dass ihm das Leben zur Last ward. Er berief alle Großen seines Landes, traf Bestimmungen über das Reich und die Königswürde und erteilte seinem Volke guten Rat und väterliche Ermahnung. Dann legt er sich zu Bett und gebot den Geistlichen, ihn auf die letzte Stunde vorzubereiten. Als dies geschehen war, erzählte er seinen Vertrauten alles, was sich zwischen ihm und dem Tod zugetragen hatte, und endlich sagte er: „Nun komm, Meister, und höre, wie ich mein Gebet beende; ich bin bereit." Der Meister erschien auf der Stelle und der König begann: „Vergib uns unsere Schuld" und betete weiter und in dem Augenblicke, wo er das Amen sprach, schied er aus seinem Leben. Obgleich der König so alt gewesen war, wurde er überall betrauert.[67]

---

[67] E. Ackermann, Isländische Märchen und Sagen, 2011; B. von Petersdorf, Märchen aus Schottland, Augsburg 1994. Eigene Erzählfassung: J.W.

## ZUM ÖSTLICHEN PARADIES

Es geschah, dass in einer frommen und sparsam lebenden Familie der Vater starb. Der Sohn wollte alles tun, damit sein Vater auch richtig ins Jenseits kommt. So bestellte er einen Mönch, der für den Verstorbenen Sutren und Abschiedsworte lesen sollte. Dieser verlangte 100 Silberdollar dafür. Das fand der Sohn eindeutig zu teuer. Sie handelten lange miteinander, bis sie sich schließlich auf 70 Dollar einigten. Der Mönch fing also an zu rezitieren:

*"Oh begebe er sich zum Östlichen Paradies,*
*er begebe sich zum Östlichen Paradies ..."*

Der Sohn war höchst erstaunt und sagte:
"Jeder andere schickt die Seelen ins Westliche Paradies."
Der Mönch erwiderte:
"So mache ich es immer. Für 70 Dollar schicke ich die Seelen zum östlichen und erst für 100 Dollar zum westlichen Paradies."

Im Stillen dachte sich der Sohn:
'Ich spare 30 Dollar, dafür erleidet die Seele meines Vaters Schaden und erreicht niemals das Westliche Paradies. So wird seine Seele keinen Frieden finden'.
Dann sagte er laut hinzu:
"Ich lege noch 30 Dollar hinzu und dafür schickst du meinen Vater zum Westlichen Paradies."

Folglich begann der Mönch zu rezitieren:

*"Oh begebe er sich zum Westlichen Paradies,*
*er begebe sich zum Westlichen Paradies ..."*.

Im nächsten Augenblick kam aus dem Inneren des Sarges eine Stimme:

"Du sittenloser Sohn! Lumpiger 30 Dollar wegen lässt du mich rennen, erst zum östlichen und dann auch noch zum westlichen Himmelsort!"[68]

*Manchmal braucht man einen Hammer*

## DER SCHMIED VOR DEM HÖLLENTOR

Es war einmal ein Schmied, der lebte unbekümmert seine Tage. Er tat seine Arbeit recht und sorgfältig, aber um Himmel und Hölle scherte er sich nicht. Als seine Zeit gekommen war, sagte er zu seinem Lehrjungen: "Wenn ich sterbe, dann gib mir einen Hammer und ein paar lange, scharfe Nägel mit in den Sarg." Der Lehrling tat, was ihm sein Meister aufgetragen hatte, und so wurde der Schmied begraben. Er kam an das Himmelstor und bat, in den Himmel eingelassen zu werden. Der heilige Petrus aber sagte:

---

[68] W. Eberhard, Südchinesische Märchen, 1976. Erzählfassung: J. Wagner.

„Ich kann dich nicht in den Himmel einlassen, du hast auf Erden dich zu keinem Glauben bekannt - geh weiter!"

Der Schmied wanderte weiter und gelangte vor die Hölle. Dort am Höllentor stand aber niemand, und es war verschlossen. Da nahm der Schmied seinen Hammer und pochte kräftig ans Höllentor. Das hörten die Teufel, und sie schickten einen von ihnen, der nachsehen sollte, was das für ein Lärm war. Aber als der Teufel die Tür eine Spaltbreite geöffnet hatte und hinausguckte, fasste ihn der Schmied beim Ohr und nagelte ihn daran fest. Das tat dem Teufel schrecklich weh, und er schrie deshalb fürchterlich. Da schickten die Teufel noch einen Teufel aus, um zu ergründen, weshalb der erste so ein Geschrei machte. Aber als dieser seinen Kopf hinausstreckte, fasste ihn der Schmied auch ihn am Ohr und nagelte ihn auf der anderen Seite fest. Nun schrien die beiden Teufel so laut, dass der allerhöchste Teufel sagte: "Da muss ich wohl selbst nachsehen, was dort vorgeht!" Als er hinter der Tür hervor sah, wollte der Schmied ihn ebenfalls greifen und festnageln, aber der Teufel sprang rasch zurück und schlug die Tür zu. Dann eilte er zur Hinterpforte der Hölle, floh zum Herrgott und sagte: "Vor meiner Tür steht ein Schmied, der hat schon zwei meiner Teufel an den Ohren ans Höllentor genagelt, und es fehlte nicht viel, und er hätte auch mich festgenagelt. Den musst du in den Himmel nehmen, denn wenn ich ihn bei mir aufnehme, bin ich nicht mehr Herr der Hölle!" Der Herrgott wollte den rohen Schmied aber nicht in den Himmel nehmen, da sagte der Teufel: "Ich bleibe so lange hier, bis du ihn zu dir in den Himmel nimmst!"

So musste der Herrgott den Schmied in den Himmel aufnehmen, denn er konnte ja den Teufel nicht gut bei sich lassen ..... [69]

*Die Trauer beenden*

## DER TRÄNENKRUG

In alter Zeit, lange, bevor es dich und mich gab, da lebte einmal eine Witwe, der ward ihr einziges Kind vom Tod geholt. Die vermochte sich vor Herzeleid nicht zu fassen und weinte sich am Tag und in der Nacht die Augen aus.

Es ergab sich aber, dass sie einmal des Nachts einen Botengang machen musste von einem Dorf zum nächsten. Der Vollmond schien auf das verschneite Land, aber sie sah die Schönheit nicht, denn ihre Augen waren getrübt von all den vielen Tränen um ihr Kind. Doch auf einmal tauchte eine seltsame Geisterschar vor ihr auf, das war die Frau Berchta mit ihren Heimchen. Die zogen auf dem verschneiten Feld mit leisem Gesang an ihr vorüber, dann über den Heckenzaun und strebten nun dem Walde zu. Schon war der Zug bei den ersten Tannen angekommen, da trippelte ängstlich ein Kind mit nackten Füssen im kalten Schnee der Schar hinterher und schleppte an einem schweren Krug. Als es nun auch an besagten Heckenzaun kam, waren die anderen schon alle hinüber. So lief es denn ängstlich

[69] H. Kapelus, J. Krzyzanowski, Die Kuhhaut, Hundert polnische Volksmärchen, 1987, Erzählfassung: J.W.

hin und her und suchte nach einem Durchschlupf im Flechtwerk, denn der Steinkrug war viel zu schwer für das zarte Kindchen, und es konnte ihn nicht drüber heben. Da endlich erkannte die Frau, dass es ihr eigenes Kind war, und es drückte ihr beinahe das Herz ab. Sie rief es bei seinem Namen, aber das Heimchen hörte nicht hin.

Da fasste es die Mutter bei der Hand, doch das Kind erkannte sie nicht. Der Mutter blutete das Herz bei alle dem, und sie weinte und presste das Kleine an ihre Brust. Als aber die salzigen Tränen die Augen des Kinnetzten, da erkannte es die Mutter und sagte wie im Traum: „O wie warm ist Mutterarm!" „Ach Kind, willst du nicht kommen und im Haus deiner Mutter bleiben?" fragte traurig die Frau. Sprach das Kind: „Lieb Mutter mein, leg ab die Trauer und lass das Weinen. Denn alle Tränen, die du vergießt, die fließen über mein Grab in diesen Krug. Den muss ich nun nachschleppen, und er wird immer noch voller. Da schau nur, mein Hemdchen ist schon ganz nass, und die Kinder laufen mir alle davon. So gib mich doch endlich frei und lass mich los." Da weinte sich die Mutter einmal noch von Herzen aus, küsste den blassen Kindermund, hob ihr Liebstes über den Zaun und sah mit sehnendem Blick dem weißen Hemdchen nach, bis es fern in der hellen Schar untergetaucht war. Wollte sie dann wieder einmal der Gram übermannen und wollten ihre Augen überfließen vor Kummer, so hat sie schnell an den Krug gedacht und an den Zaun, schluckte tapfer die Tränen herunter und trug nun ihr Weh ohne Frage und Klage.[70]

---

[70] Ein Bechstein Märchen, leicht bearbeitet vom Vf. Heimchen sind die Seelen der verstorbenen Kinder. Frau Berchta ist ein

*Frühling und Ostern*

## DIE WALDFEE

Lise war noch ein ganz junges Mädchen. Ihre Mutter war eine Witwe, und besaß nicht mehr, als eine armselige Hütte und zwei Ziegen, aber Lise war doch immer frohen Mutes. Vom Frühling bis zum Herbste weidete sie die Ziegen beim Birkenwald. Wenn sie aus dem Hause ging, steckte ihr die Mutter ein Stück Brot in die Tragtasche, und dazu eine Spindel, indem sie ihr befahl: „Sei fein fleißig!" Weil sie keinen Spinnrocken hatte, schlang sie ihr den Flachs um den Kopf. Lise nahm die Tasche, und sprang fröhlich singend hinter den Ziegen zum Birkenwald. Wenn sie hinkamen, gingen die Ziegen weiden; Lise setzte sich unter einen Baum, zog mit der Linken die Fäden vom Kopf, der ihr als Spinnrocken diente, und mit der Rechten drehte sie die Spindel, dass diese lustig am Boden hinschnurrte. Dabei sang sie, dass der Wald erscholl. Stand die Sonne im Mittag, so legte sie die Spindel beiseite, rief die Ziegen, gab ihnen vom Brot, damit sie ihr nicht wegliefen, und sprang in den Wald, um Erdbeeren oder anderes Obst zu suchen, wie's eben an der Zeit war, um noch etwas zum Brote dazu zu haben. Hatte sie gegessen, so tanzte sie, indem sie die

---

anderer Name für Frau Holle, die alte Muttergöttin der vorchristlichen Zeit.

Hände in die Hüften stemmte. Die Sonne lachte dann durch die grünen Bäume nieder, und die Ziegen machten sich's im Grase bequem und dachten: „Was haben doch für eine fröhliche Hirtin!" Nach dem Tanz spann sie wieder fleißig, und wenn sie abends nach Hause kam, brauchte die Mutter niemals zu schimpfen, dass die Spindel nicht voll sei.

Einmal, als sie ihrer Gewohnheit zur Mittagszeit nach dem einfachen Essen tanzen wollte, stand plötzlich eine wunderschöne Frau vor ihr. Sie hatte ein weißes Gewand, dünn wie ein Spinnengewebe; von dem Haupt bis zum Gürtel flossen ihre goldenen Haare herab, und auf dem Haupt trug sie einen Kranz von Waldblumen. Lise erschrak.

Die Frau lächelte sie an, und sprach mit lieblicher Stimme zu ihr: „Lise, tanzt Du gern?" Als die Frau so freundlich zu ihr sprach, wich Lises Schrecken und sie erwiderte: „O ich möchte den ganzen Tag tanzen!"

„Komm, dann tanzen wir miteinander, ich will es Dich lehren", sprach die Frau, schürzte das Gewand, fasste Lise und begann mit ihr zu tanzen. Als sie sich im Kreise zu drehen anfingen, ließ sich über ihnen eine so wundervolle Musik hören, dass Lises Herz in ihr hüpfte. Musikanten saßen auf den Zweigen der Birken in schwarzen, aschgrauen, braunen und bunten Röckchen. Es war ein Chor von auserlesenen Spielleuten, der sich auf den Wink der schönen Frau versammelt hatte: Nachtigallen, Lerchen, Finken, Stieglitze, Grünlinge, Drosseln, Amseln und die kunstreiche Grasmücke. Lises Wangen glühten, ihre Augen strahlten, sie vergaß ihre Aufgabe und ihre Ziegen und schaute nur auf ihre Gefährtin, die sich v o r ihr und u m sie in den reizendsten Bewegungen drehte und so leicht, dass sich das Gras unter ihren zarten Füßen gar nicht beugte. Sie tanzten vom Mittag bis zum Abend, Lises Füße ermüdeten nicht und taten ihr nicht weh. Da hielt die schöne Frau inne, die Musik schwieg – und wie die Frau gekommen war, so verschwand sie auch wieder. Lise blickte um sich, die Sonne ging schon hinter den Wald unter. Lise schlug die Hände über dem Kopf zusammen, und indem sie an den ungesponnenen Flachs griff, dachte sie an die Spindel, die auf dem Boden lag und nicht voll war. Sie nahm den Flachs vom Kopfe, steckte ihn samt der Spindel in die Tasche, rief die Ziegen und trieb sie nach Hause. Sie sang auf dem Wege nicht, sondern machte sich bittere Vorwürfe, dass sie sich von der schönen Frau hatte berücken lassen, und nahm sich vor, wenn die Frau wieder zu ihr käme, ihr nicht mehr zu folgen. Die Ziegen, die keinen fröhlichen Gesang hinter sich hörten, sahen sich um, ob ihre Herrin auch wirklich nachkommt. Auch die Mutter wunderte sich, und fragte die Tochter, ob sie krank sei, da sie nicht singe. „Nein, Mutter, ich bin nicht krank. Der Hals ist mir vom Singen trocken geworden, darum sing' ich nicht", entschuldigte sich Lise, und ging, die Spindel und den ungesponnenen Flachs zu bewahren. Sie wusste, dass die Mutter das Garn nicht sogleich abwickelt, und wollte am folgenden Tag einbringen, was sie an dem einen versäumt hatte, und darum erwähnte sie gegenüber der Mutter nicht das Geringste von der schönen Frau.

Des andern Tags trieb Lise die Ziegen, wie gewöhnlich, zum Birkenwald. Die Ziegen begannen zu weiden, und sie setzte sich unter einen Baum, und begann fleißig zu spinnen und zu singen; denn beim Singen geht die Arbeit besser vonstatten. Die Sonne stand im Mittag. Lise gab den Ziegen vom Brot, sprang fort, um Erdbeeren im Walde zu suchen, und dann begann sie zu Mittag zu essen und mit den Ziegen zu sprechen. „Ach, meine Ziegen, heut' darf ich nicht tanzen!" seufzte sie, als sie nach dem Mahl die Brosamen im Schoß zusammenscharrte, und auf einen Stein legte, damit die Vögel auch etwas hätten. „Und warum dürftest Du nicht?" ließ sich eine liebliche Stimme hören, und die schöne Frau stand vor ihr, als wäre sie aus den Wolken gefallen. Lise erschrak noch mehr als das erste Mal und drückte die Augen zu, um die Frau gar nicht zu sehen; als aber die Frau die Frage wiederholte, antwortete sie schüchtern: „Ach verzeiht, schöne Frau, ich kann nicht mit Euch tanzen! Ich würde meine Aufgabe nicht erfüllen und die Mutter würde mich schelten. Ehe heute die Sonne untergeht, muss ich einbringen, was ich gestern versäumt habe." – „Komm nur tanzen; eh' die Sonne untergeht, wird dir Hilfe", sprach die Frau, schürzte das Gewand und fasste Lise. Die Spielleute auf den Birken fingen an zu musizieren und die Tänzerinnen drehten sich im Kreise. Und die schöne Frau tanzte noch reizender, Lise konnte die Augen nicht von ihr wenden, und vergaß die Ziegen und ihre Aufgabe. Jetzt hielt sie inne, die Musik schwieg, die Sonne ging unter. Lise schlug die Hände über dem Kopf zusammen, um den der ungesponnene Flachs geschlungen war und brach in Tränen aus. Die schöne Frau langte nach ihrem Kopfe, nahm den Flachs herab, schlang ihn um einen Birkenstamm, ergriff die Spindel und begann zu spinnen. Die Spindel schnurrte an dem Boden hin und ward sichtlich voller, und eh' die Sonne hinter dem Wald niedersank, war aller Flachs gesponnen, auch der vom vorigen Tage. Indem sie dem Mädchen die volle Spindel reichte, sprach die schöne Frau: „Wickle auf und murre nicht! Denk' meiner Worte: Wickle auf und murre nicht!" Hierauf verschwand sie, als hätte sie die Erde verschlungen.

Lise war zufrieden, und dachte unterwegs bei sich: „Wenn sie so gut ist, will ich wieder mit ihr tanzen, sobald sie kommt." Sie sang wieder, damit die Ziegen munter vorwärts schritten. Die Mutter aber empfing sie ärgerlich; sie hatte während des Tages das Garn aufwickeln wollen und gefunden, dass die eine Spindel nicht voll geworden, und darum war sie ärgerlich. „Was hast Du getan, Tochter, dass Du gestern nicht Deine ganze Aufgabe spannst?" sagte sie tadelnd. – „Verzeiht, Mutter, ich tanzte ein wenig." erwiderte Lise demütig, und indem sie der Mutter die Spindel zeigte, setzte sie hinzu: „Heute ist sie dafür übervoll." Die Mutter schwieg, ging die Ziegen melken, und Lise legte die Spindel an ihren Ort. Sie wollte der Mutter ihr Abenteuer erzählen, allein sie dachte: „Nein, bis die Frau noch einmal kommt, will ich sie fragen, wer sie ist, und dann sag' ich's der Mutter." So dachte sie und schwieg.
Des dritten Morgens trieb sie die Ziegen, wie gewöhnlich, zum Birkenwald; die Ziegen begannen zu weiden, und Lise, unter einem Baume sitzend, zu singen und zu spinnen. Die Sonne stand im Mittag; Lise legte die Spindel ins Gras, gab den Ziegen vom Brot, suchte Erdbeeren, und indem sie die

Brosamen den Vöglein hinwarf, sagte sie: „Liebe Ziegen, heut' will ich Euch eins vortanzen!" Sie hüpfte, legte die Hände in die Hüften, und schon wollte sie versuchen, ob sie auch so reizend tanzen könne wie die schöne Frau, da stand diese vor ihr. „Lass uns miteinander tanzen!" sprach sie lächelnd zu Lise, und umfasste sie. Augenblicklich erklang die Musik über ihren Häuptern, und die Tänzerinnen drehten sich in leichtem Fluge. Lise vergaß die Spindel und die Ziegen, sah nichts als die schöne Frau, deren Leib sich wie ein Weidenzweig nach allen Seiten bog, und hörte nichts als die liebliche Musik, nach deren Klängen ihre Füße von selbst sprangen. Sie tanzten vom Mittag bis zum Abend. Jetzt hielt die Frau inne und die Musik schwieg. Lise blickte um sich, die Sonne war hinter dem Walde. Weinend schlug sie die Hände über dem Kopf zusammen und indem sie sich zur Spindel wandte, die nicht voll war, wehklagte sie, was die Mutter sagen würde. „Gib mir deine Tasche, ich will dir ersetzen, was du heute versäumt" sprach die schöne Frau. Lise gab ihr die Tasche, und die Frau war für einige Augenblicke unsichtbar; dann aber reichte sie ihr die Tasche mit den Worten: „Da, und erst zu Hause sieh hinein!" und verschwand, als hätte sie der Wind davon geweht. Lise fürchtete sich in die Tasche zu sehen, nur auf der Hälfte des Weges ließ es ihr doch keine Ruhe; die Tasche war so leicht, als ob nichts in ihr wäre; sie musste hineinsehen, ob sie die Frau nicht getäuscht hatte. Wie erschrak sie, als sie sah, die Tasche voller Birkenlaub war. Da brach sie in Tränen aus und machte sich Vorwürfe, dass sie so leichtgläubig gewesen war. In ihrer Empörung warf sie die Blätter mit beiden Händen heraus und wollte die Tasche umstürzen; dann aber dachte sie: „Ich will das Übrige den Ziegen unterstreuen" und ließ einiges Laub darin. Sie fürchtete sich, nach Hause zu gehen.

Die Mutter stand bekümmert auf der Schwelle. „Um Gottes willen, was für eine Spindel Garn brachtest Du gestern nach Hause?" waren die ersten Worte der Mutter. – „Warum denn?" fragte Lise ängstlich. – „Als du morgens fortgegangen warst, begann ich abzuwickeln. Ich wickelte ab, wickelte ab, die Spindel war beständig voll. Eine Strähne, zwei, drei Strähnen – die Spindel war immer noch voll. Welcher böse Geist hat das gesponnen! ruf' ich erzürnt, und in dem Augenblicke war das Garn von der Spindel fort, als wär' es weggeblasen. Sag' mir, was das ist?" Da gestand Lise und begann von der schönen Frau zu erzählen. „Das war eine Waldfee!" rief die Mutter entsetzt. „Um Mittag und Mitternacht treiben sie ihr Wesen. Ein Glück, dass Du kein Knabe bist, sonst würdest Du nicht lebendig aus ihren Armen entkommen sein. Sie hätte so lange mit Dir getanzt, als ein Atemzug in Dir gewesen wäre, oder sie hätte Dich zu Tode gekitzelt. Doch mit Mädchen haben sie Erbarmen, ja beschenken sie oft reich. Hättest Du mir etwas gesagt, so hätte ich Dir keine Vorwürfe gemacht und hätte jetzt die ganze Stube voll Garn." Da dachte Lise an die Tasche und ihr fiel ein, es könnte doch vielleicht etwas unter dem Laube sein. Sie nimmt die Spindel von oben weg und den ungesponnenen Flachs, und blickt in die Tasche, blickt noch einmal hinein und schreit: „Seht, Mutter, seht!" Die Mutter blickt hinein und schlägt die Hände über dem Kopfe zusammen. Die Birkenblätter hatten sich in Gold verwandelt. „Sie befahl mir, erst zu Hause hineinzublicken, ich gehorchte aber nicht." – „Ein Glück, dass du nicht die ganze Tasche ausgeleert hast!" meinte die Mutter. Des Morgens ging sie selbst, um an der Stelle nachzusehen, wo Lise das Laub mit beiden Händen weggeworfen hatte; auf dem Wege lag aber nur frisches Birkenlaub. Doch der Reichtum, den Lise nach Hause gebracht hatte, war ohnehin groß genug. Die Mutter kaufte ein Gut und sie hatten viel Vieh. Lise konnte schöne Kleidung tragen und sie musste keine Ziegen mehr weiden. Egal wie reich und froh und glücklich sie auch immer war, nichts hatte ihr so viel Vergnügen gemacht wie der Tanz mit der Waldfrau. Noch oft ging sie in den Birkenwald, es lockte sie hin, und sie wünschte sich, die schöne Frau noch einmal zu sehen – allein sie erblickte sie nimmer wieder.[71]

---

[71] Die Waldfrau, Joseph Wenzig, Westslawischer Märchenschatz. Leipzig, Lorck 1857, sprachlich überarbeitet von Jürgen Wagner. Ein weiteres Frühlingsmärchen wäre Jorinde und Joringel KHM 69.

## DIE REISE ZUR SONNE

An einem Königshofe war einmal ein Küchenjunge. Aber wenn auch nur ein Küchenjunge, er wäre, hätte man ihm stattliche Kleider angelegt, unstreitig der schönste, beste Junge im ganzen Lande gewesen. Er wurde mit der Tochter des Königs bekannt, die um ein Jahr jünger war als er, und sie befreundeten sich so, dass von dieser Zeit an kein Tag verfloss, wo sich nicht die Prinzessin mit ihm in dem königlichen Garten unterhalten hätte. Den Räten des Königs war dies nicht recht. Eine Prinzessin und ein Küchenjunge! Sie lagen dem alten König an, er solle ihn fortjagen lassen. Der alte König folgte seinen Räten, und befahl, ihn fortzujagen. Allein die Prinzessin brach in Tränen aus, sobald sie ihn nur anrührten; denn sie hatte ihn sehr lieb. „Ei was!" dachte der alte König „sie sind ja noch Kinder, mit der Zeit werden sie schon zu Verstand kommen!" und ließ Alles beim Alten.
Aber allmählich hörten sie auf, Kinder zu sein; ihre Freundschaft aber dauerte fort, und wurde von Tag zu Tag inniger und fester. Die Prinzessin wuchs heran und von allen Enden der Welt kamen Königssöhne herbei, um sie zu werben. Der königliche Palast erscholl von Musik und Becherklang des Weins und der köstlichen Speisen gab's in Hülle und Fülle. Die Prinzessin konnte zehn Königssöhne für einen haben; allein sie zog sich von ihnen zurück, sobald sie nur konnte und eilte, sich mit ihrem Küchenjungen zu unterhalten. Und wenn sie der Vater fragte, wer ihr gefalle, wen sie zum Gemahl haben wolle,

so antwortete sie immer, dass ihr der Küchenjunge am besten gefalle und dass sie keinen andern zum Gemahl nehmen wolle.

Der alte König ärgerte sich gewaltig. So viele Königssöhne und ein Küchenjunge! Er berief seine Räte und sie rieten ihm, er solle den Küchenjungen umbringen lassen, allein dem guten König schien dies unrecht. „Erlauchter König, " sprach der weiseste der Räte, „schicken wir ihn doch auf gute Art irgendwohin, dass er, wenn er auch hundert Jahre reist, nicht wiederkehren kann. Schicken wir ihn zur Sonne, dass er sie frage, warum sie vormittags immer höher steigt, und nachmittags immer niedriger sinkt." Sie riefen sogleich den Küchenjungen, gaben ihm Geld auf den Weg und schickten ihn zur Sonne, damit er Antwort auf die Frage brächte. Mit Tränen schied die Königstochter von ihrem Freunde, mit schwerem Herzen begab er sich auf den Weg. Niemand wusste ihm Rat zu ereilen, niemand wusste ihm zu sagen, welchen Weg er nehmen solle. Allein er ging nicht der Sonne entgegen, sondern der Sonne nach, gerade dorthin, wo sie niedersinkt.

Er ging und ging durch öde Wälder, auf unwegsamen Pfaden, bis er
in ein fremdes Land kam, wo ein mächtiger, aber blinder König herrschte. Als der König erfuhr, wohin er gehe, ließ er ihn sogleich vor seinen goldenen Thron rufen. „Du gehst zur Sonne, mein Sohn? Nun, so frag' die Sonne doch, warum ich, ein so mächtiger König, auf meine alten Tage erblindet bin. Vollführst Du's, so geb' ich Dir die Hälfte meines Königreichs." Der Küchenjunge versprach's, erhielt Geld und zog der Sonne weiter nach über Berg

und Tal, wo nichts zu hören und nichts zu sehen war, bis er zu einem Meer kam.

Das Meer war breit und tief und die Sonne sank gerade hinter dem Meere unter. Was sollte er tun? Er ging am Ufer hin und her, da kam ein großer Fisch zu ihm. Halb war er über dem Wasser, halb unter dem Wasser; sein Bauch war wie bei andern Fischen, sein Rücken aber funkelte wie eine glühende Kohle, und das rührte von dem Glanz der Sonne. „Woher bist Du?" fragte ihn der Fisch, „was machst Du da? wohin gehst Du?" – „Ich möchte gern auf die andere Seite, denn ich muss zur Sonne, doch ich kann nicht hinüber." – „Zur Sonne? Nun, ich will Dich hinübertragen, wenn Du sie fragst, woher es kommt, dass ich, ein so großer Fisch, mich nicht auf den Grund des Wassers niederlassen kann, wie die anderen Fische. Willst Du sie fragen?" – „Ich will!" entgegnete der Küchenjunge und schon saß er auf dem Rücken des Fisches, der ihn glücklich auf das andere Ufer hinübertrug. „Komm wieder hierher, ich will auf Dich warten," sagte der Fisch. Er aber ging weiter durch fremde und wüste Gegenden, wo es keinen Vogel, noch weniger einen Menschen gab.

Schon war er nicht weit mehr vom Ende der Welt: da sah er die Sonne nah vor sich zur Erde sinken. Er eilte aus Leibeskräften, soviel er konnte. Als er hinkam, ruhte die Sonne eben im Schoß ihrer Mutter aus. Er verneigte sich und sie dankten ihm. Er fragte: „Wie so kommt es, dass die Sonne vormittags immer höher und höher steigt, nachmittags aber wieder niedersinkt?" Die Sonne sprach zu ihm: „Ei mein Lieber, sag' doch Deinen Herrn, warum er nach der Geburt immer mehr wächst und warum er sich im Alter zur Erde neigt. Auch mit mir ist's so. Meine Mutter gebiert mich jeden Morgen neu als einen schönen Knaben, und jedes abends begräbt sie mich als einen schwachen Greis." Dann fragte der Küchenjunge weiter: „Warum ist jener mächtige König in seinem Alter erblindet, da er doch früher so gut sah?" – „Ha, warum er erblindet ist? Darum, weil er stolz wurde, darum, weil er sich Gott gleichstellen wollte und sich einen mit Sternen besäten Himmel aus Glas über dem Thron bauen ließ. Wenn er sich vor Gott demütigt und den gläsernen Himmel zertrümmern lässt, wird ihm das verlorene Augenlicht zurückkehren." – „Und warum kann sich jener Fisch nicht auf den Grund des Wassers niederlassen?" – „Weil er noch kein Menschenfleisch gegessen. Doch sag' ihm dies nicht früher, als bis du über dem Meere bist!" Die Sonne gab ihm außer gutem Rat noch ein Gewand, das bequem in eine Nussschale hineinging; das war ein Sonnenkleid. Hierauf nahm der Küchenjunge dankend Abschied. Er begab sich zurück und kam zum Meere. Sogleich begann der Fisch ihn nach der Antwort zu fragen; allein er wollte sie ihm nicht mitteilen, bevor ihn der Fisch nicht über das Meer geschafft hätte. Der Fisch nahm ihn also auf den Rücken. In der Mitte des Meeres fragte er ihn abermals und drohte ihn ins Wasser zu werfen, wenn er ihm nicht die Antwort sage. „Droh', wie Du willst, ich sage Dir die Antwort nicht früher, als bis wir drüben sind!" Am andern Ufer begann er zu laufen und rief ihm während des Laufs das Geheimnis zu. Der Fisch geriet in Wut, schlug das Meer mit seinem Schweife, dass das Wasser austrat und dem Küchenjungen bis an den Gürtel reichte. Allein, er war schon zu weit und der Fisch konnte in so seichtem Wasser nicht schwimmen. „Hat mich der Teufel jetzt nicht bekommen, bekommt er mich nimmer!" dachte der Küchenjunge, und zog fröhlich weiter, immer der Sonne entgegen, um den Weg nicht zu verfehlen.

Nach langem Wandern gelangte er zu dem blinden König. „Weißt Du nun, warum ich erblindet bin?" – „Darum bist Du erblindet, weil Du stolz wurdest und Dich Gott gleichstellen wolltest. Wenn Du Deinen gläsernen Himmel zertrümmerst und Dich vor Gott demütigst, wird Dir Dein Augenlicht alsbald wiederkehren!" Der König tat es und sogleich sah er hell, als ob er aus dem Grabe an Gottes Sonnenlicht getreten wäre. Er schenkte dem Küchenjungen die Hälfte seines Königreichs.

Der Küchenjunge jedoch säumte er keinen Augenblick, sondern eilte nach Hause. Und er tat wohl daran, denn kaum war er dort, so wurden die Glocken geläutet und die Kirchentüren angelweit geöffnet: „Was hat sich da zugetragen, was gibt es Neues?" fragte er die Leute. – „Die Königstochter heiratet, eben werden die Glocken zur Trauung geläutet!" Da zog er aus seinem Bündel die Nuss hervor, aus der Nuss das Sonnenkleid, legte es an und setzte sich in die erste Bank am Altare. Nach einer Weile kamen im langen Zug die Hochzeitsgäste. Jeder blickt verwundert den reichen Gast in der ersten Bank an. Einer fragt flüsternd den Andern, wer das sei; aber niemand erkennt ihn. Es kommt auch die junge Braut. Die fragt nicht, wer das in der ersten Bank sei, sie fliegt auf ihn zu, ist nicht mehr von ihm zu trennen, will nichts von Trauung mit einem Andern wissen.

Der alte König ließ den Küchenjungen in seinem Sonnenkleid vor den Thron führen. Da erzählte der Küchenjunge vom Anfang bis zum Ende, wie es ihm ergangen. Als er zu Ende war, nahm er die junge Prinzessin bei der Hand, die ihn nun noch lieber hatte als zuvor und sie schritten zum Altar, gesegnet vom alten König. Dann lebten sie als Ehepaar und herrschten nach dem Tode des alten Königs glücklich bis an ihr Ende.[72]

*Herbst und Erntedank*

## DER RAT DES VATERS

In alten Zeiten lebte ein König, dem fehlte es an Weisheit und Verstand. Einmal ließ er seine Boten kommen und befahl ihnen: „Geht hin und verkündet allenthalben, dass die Söhne ihre alten Väter in den Wald bringen und sie dort sich selbst überlassen sollen, denn so wird man im Land eine Menge Brot einsparen."

Da machen sich die Boten auf und brachten den Befehl des Königs unter das Volk. Das gab ein Weinen und ein Wehklagen! Aber es half allen nichts, dem König musste man gehorchen. Also brachten die Söhne ihre Väter in den Wald und überließen sie dort ihrem Schicksal.

---

[72] J. Wenzig, Westslawischer Märchenschatz, 1857, Erzählfassung: H.C. Heim.

Nur der Sohn eines Bauern hatte sich dem Befehl widersetzt. Als das dem König zu Ohren kam, ließ er ihm ausrichten, dass er, wenn er seinem alten Vater nicht binnen drei Tagen in den Wald gebracht habe, eine harte Strafe über in verhängen wolle. Der Bauer dachte: „Wie soll es dann wohl meinem Mann und meinem Kind ergehen?" Und zuletzt entschloss er sich schweren Herzens, dem Befehl des Königs nachzukommen.

Dies geschah zur Winterszeit, und so setzte der Bauer seinen alten Vater auf den Schlitten, band ihn fest und zog ihn in den Wald. Der Enkel des alten hatte aber darauf bestanden, sie zu begleiten. Nachdem sie schon tief am Wald waren, wollte der Bauer den Schlitten mit seinem alten Vater stehen lassen und mit dem Sohn nach Hause zurückkehren.

Aber das Kind bat: „Lass mich den Schlitten wieder mitnehmen."

Als der Bauer das abschlug, sagte das Kind: „Es ist ein guter Schlitten, und womit soll ich dich in den Wald ziehen, wenn du alt geworden bist?"

Da fing der Bauer an zu grübeln ... `Wie lang dauert es, bis auch ich alt und zu keiner rechten Arbeit mehr fähig sein werde? Und wie wird es mir sein, wenn mein Sohn mich in den Wald bringt und mich verlässt, wie ich jetzt meinen Vater verlassen will?´

Nachdem der Bauer lange genug gegrübelt hatte, sagte er zu seinem alten Vater: „Wenn du damit zufrieden bist, tagsüber im Keller zu wohnen, so will ich dich wieder mit nach Hause nehmen."

Oh ja, damit war der alte Vater wohl einverstanden! Nun warteten sie, bis es Nacht geworden war. Da gelangten sie, von keinem gesehen, ins Haus zurück. Dort wohnte der Alte fortan im Keller, ohne dass jemand etwas davon erfuhr.

Im Jahr darauf herrschte im Königreich eine große Hungersnot. Auch im Haus des Bauern musste man die Gürtel enger schnallen. Der alte Vater nahm es eine Zeitlang stillschweigend hin, dass der Sohn ihm immer weniger Brot in den Keller brachte. Doch eines Morgens konnte er nicht mehr an sich halten. Also fragte er den Sohn: „Warum bekomme ich nicht mehr so viel Brot wie früher?"

Da erzählte der Sohn von der Hungersnot, und dass es nur noch wenige wären, die etwas Roggen besäßen, um ihn zu mahlen und Brot daraus zu backen. Aber das Allerschlimmste sei – für die Aussaat bleibe nicht mehr ein Körnchen.

Der Vater überlegte eine Weile. Dann sprach er: „Eile dich, mein Sohn! Trage das Dach der alten Scheune ab, drisch das Stroh noch einmal und säe das Korn, das herausfällt. So werden wir nicht Hungers sterben müssen."

Der Sohn ging und besprach die Sache mit seiner Frau. Sollten sie das Dach der alten Scheune wirklich abtragen? Würden sie am Ende ihre Kräfte nicht bloß vergeuden? Dies und das! Sie wussten nicht, was sie tun sollten. Als die Hungersnot aber immer größer wurde, ging der Bauer eines Tages daran, den Rat des Vaters zu befolgen. Er trug das Dach der alten Scheune ab, drosch das Stroh, und welch ein Wunder! – aus dem Stroh fielen zwei Scheffel Roggen. Die säte der Bauer aus.

Einige Zeit darauf wuchs auf dem Feld so viel Roggen, dass die Leute herbeikamen und nicht aufhören wollten, sich daran sattzusehen. Es dauerte aber nicht lange, da erfuhr auch der König von dem

Roggenfeld. Er ließ den Bauern aufs Schloss rufen. Dem blieb nichts anderes übrig, er musste wohl oder übel hingehen. Als er nun vor dem König stand, fragte ihn dieser: „Wo hast du die Körner zur Aussaat hergenommen?"

„Aus dem Stroh vom Dach meiner alten Scheune", antwortete der Bauer. Und das war die reine Wahrheit. Doch der König merkte sehr wohl, dass ihm der Bauer etwas verschwieg. Also drängte er ihn, ihm alles zu sagen.

Der Bauer dachte: `Wenn ich auch schweige, so wird der König doch nicht aufhören, Nachforschungen über mich anzustellen und dabei entdecken, dass ich meinen alten Vater im Keller meines Hauses versteckt halte. So oder so, es steht schlecht um mich.`

Und der Bauer erzählte stockend, wie die ganze Sache vor sich gegangen war. Doch nichts von dem, was er erwartet hatte, trat ein. Der König dachte nicht daran, den Bauern zu bestrafen. „Geh", sprach er, „und führe deinen alten Vater aus der Dunkelheit ans Licht. Da soll er bis ans Ende seiner Tage bleiben."

Und fortan durfte keiner der Alten mehr in den Wald gebracht und dort seinem Schicksal überlassen werden. „Denn", sprach der König, „wie wir gesehen haben, kann der Rat der Alten für alle von großem Nutzen sein."[73]

---

[73] Milos Maly, Baltische Märchen, 2000. Erzählfassung: J. Wagner.

## DIE WEISSE TAUBE

Vor eines Königs Palast stand einmal ein mächtiger Birnbaum, der trug jedes Jahr die schönsten Früchte. Aber wenn sie reif waren, wurden sie in einer Nacht alle geholt und niemand wusste, wer das getan hatte.

Der König aber hatte drei Söhne, davon ward der jüngste für dumm gehalten und hieß der Einfältige. Da befahl der König dem ältesten Sohn, er solle ein Jahr lang unter dem Birnbaum wachen, damit der Dieb einmal entdeckt werde. Der tat das auch und wachte alle Nacht, der Baum blühte und war ganz voll Früchten und wie sie anfingen, reif zu werden, wachte er noch fleißiger. Endlich waren sie ganz reif und sollten am nächsten Tag abgebrochen werden. In der letzten Nacht aber überfiel ihn der Schlaf und er schlief ein und wie er erwachte, waren alle Früchte fort und nur die Blätter noch übrig.

Da befahl der König dem zweiten Sohn, ein Jahr zu wachen, dem erging es nicht besser als dem ersten; in der letzten Nacht konnte er sich des Schlafes nicht erwehren und am Morgen waren alle Birnen abgebrochen.

Endlich befahl der König dem Einfältigen, ein Jahr zu wachen und darüber lachten alle, die an des Königs Hof waren. Der Einfältige er sich den Schlaf ab, da sah er, wie eine weiße Taube geflogen kam und eine Birne nach der anderen abpickte und forttrug. Und als sie mit der letzten fortflog, stand der Einfältige auf und ging ihr nach; die Taube flog aber auf einen hohen Berg und verschwand in einem

211

Felsenritz. Der Einfältige sah sich um, da stand ein kleines, graues Männchen neben ihm, zu dem sprach er: „Gott segne dich!" – „Gott hat mich gesegnet in diesem Augenblick, durch diese deine Worte, denn sie haben mich erlöst", sprach das Männchen. „Steig du in den Felsen hinab, da wirst du dein Glück finden!"

Der Einfältige trat in den Felsen, viele Stufen führten ihn hinunter, und wie er unten ankam, sah er die weiße Taube, ganz von Spinnweben umstrickt und zugewebt. Wie sie ihn aber erblickte, brach sie hindurch und als sie den letzten Faden zerrissen hatte, stand eine schöne Prinzessin vor ihm. Er hatte ihren stillen Ruf gehört und sein Kommen hatte sie erlöst. So ward sie seine Gemahlin und er ein reicher König und regierte sein Land mit Weisheit.[74]

*Samhain und Allerheiligen*

## DIE GROSSE TAT

Es war einmal ein Sohn reicher Eltern, der bat seinen Vater eines Tages: „Vater, ich möchte die weite Welt kennenlernen. Gib mir bitte dazu die Erlaubnis und auch ein wenig Geld." Der Vater war einverstanden und so zog der Jüngling fort. Er ging

---

[74] Brüder Grimm, Kinder- und Hausmärchen, 1. Auflage 1812, KHM 64a, sprachlich leicht bearbeitet. Weiteres Herbstmärchen: Der goldene Vogel KHM 57.

und ging den ganzen Tag, ohne zu wissen, wohin. Am Abend kam er zu einem Kreuzweg und da erschien plötzlich ein ehrwürdiger Greis, grüßte ihn in Gottes Namen und fragte: „Wo willst du hin?" - „Ich gehe in die weite Welt!" – „Und weißt du schon, wo du heute übernachtest?" – „Nein, das weiß ich nicht." - „Wenn du aus diesem Wald herauskommst, so wirst du abseits ein Haus entdecken. Dort bitte um ein Nachtlager." sagte der Alte und verschwand. Der Jüngling fand das Haus, klopfte an und wurde wohl aufgenommen. In dem Haus war ein Kranker und um Mitternacht überfielen den Kranken Todesschmerzen. Da ging plötzlich die Türe auf und jener Greis erschien, doch nur der Jüngling konnte ihn sehen. Er trat zum Bett des Kranken, nahm dessen Seele mit sich und verschwand. Am nächsten Morgen bedankte sich der Jüngling bei den Hausleuten und zog weiter.

Er ging und ging den ganzen Tag, ohne zu wissen, wohin. Am Abend kam er zu einem Kreuzweg und da erschien wieder jener Alte, grüßte ihn in Gottes Namen und fragte ihn: „Wo willst du hin?" - „Ich gehe in die weite Welt!" – „Und weißt du schon, wo du heute übernachtest?" – „Nein, das weiß ich nicht." - „Wenn du ans Ende dieser Wiese kommst, so wirst du ein Häuschen finden. Dort bitte um ein Nachtlager", sagte der Alte und verschwand. Der Jüngling fand das Häuschen und wurde wohl aufgenommen. Auch dort war ein Kranker und um Mitternacht überfielen den Kranken Todesschmerzen. Da erschien jener Alte wieder, doch nur der Jüngling konnte ihn sehen. Er trat zum Bett des Kranken, nahm dessen Seele mit sich und verschwand.

Am nächsten Morgen bedankte sich der Jüngling bei den Hausleuten und zog weiter. Diesmal erschien jener ehrwürdige Greis gleich beim ersten Kreuzweg. „Höre, Alter, du verhilfst mir immer wieder zu einem Nachtlager, doch immer war dort im Haus ein Kranker. Und jedes Mal erscheinst du um Mitternacht und nimmst seine Seele mit dir. Sage mir doch, wer bist du?" - „Ich bin der Erzengel Michael, der die Seelen sammelt." – „Und wirst du auch meine Seele mit dir nehmen?" – „Auch deine Seele werde ich mit mir nehmen, wie die Seelen aller Menschen." – „Und wann wird das sein?" – „In der Nacht, in der du dich vermählst, in dieser Nacht werde ich deine Seele mit mir nehmen", sagte der Alte und verschwand.

Tief erstaunt blieb der Jüngling stehen und sann lange darüber nach, was er nun tun sollte. Endlich beschloss er, heimzukehren und den Tod wissentlich auf sich zu nehmen. „Wenn er mir meine Seele nimmt, dann soll er mich bereit finden." – Die Eltern freuten sich, ihn wiederzusehen und er sagte zu seiner Mutter: „Nun möchte ich heiraten. Neben uns wohnt ein Lastträger, der hat eine Tochter, um die freie für mich." Die Eltern waren entsetzt. Waren sie doch reich und jenes Mädchen war arm, nichts besaß sie als ihre nackte Seele. Doch der Jüngling beharrte darauf: „Ich will nur diese! Sonst unter mir die schwarze Erde und über mir das grüne Gras!" In Wahrheit kannte er das Mädchen gar nicht, doch er dachte: „Wenn es zum Sterben geht, so will ich zuvor wenigstens noch einen Menschen glücklich machen." Zuletzt erhob sich die Mutter, begab sich in das Haus des Lastträgers und bat um dessen Tochter für ihren Sohn. Die Leute glaubten zuerst, die reiche Frau wolle ihren Scherz mit ihnen treiben, doch dann riefen sie das Mädchen und fragten sie. Sie errötete und lief aus dem Zimmer. Die Eltern riefen ihr nach: „Sei glücklich! Gott gebe seinen Segen zu diesem Bund!"

Nun bat der Jüngling seinen Vater um einen Beutel Gold und ließ davon ein großes Haus bauen mit allem, was dazu gehört. Danach bat er ihn um einen zweiten Beutel Gold und kaufte davon alles, was eine Braut sich nur wünschen kann. Und so kam der Tag der Hochzeit heran. Die ganze Stadt strömte herbei, wie es eben geschieht, wenn der reichste Jüngling der Stadt heiratet. Am Abend brachte man das junge Paar in die Brautkammer. Da sagte er zu seiner jungen Frau: „Leg dich schon schlafen! Ich will hier noch sitzen und in der Heiligen Schrift lesen." Sie schlief ein, er jedoch wartete.

Um Mitternacht ging die Tür auf und ins Zimmer trat der Erzengel Michael in Gestalt jenes Greises. Der Jüngling grüßte ihn in Gottes Namen und sagte: „Ich bin bereit und ich weiß, weshalb du gekommen bist! Du willst meine Seele mit dir nehmen." – „Ich bin gekommen, wie es vorgesehen war. Doch der allmächtige Gott hat befohlen, dir für dein Leben noch weitere 40 Jahre zu geben, denn du hast eine große Tat auf Erden getan: Du hast den Tod wissentlich auf dich genommen, um dieses Mädchen und seine Eltern glücklich zu machen!" Und damit verschwand der Heilige Erzengel. Der Jüngling und seine Frau aber lebten in Liebe weiter.[75]

---

[75] H. Müller, Wege ins andere Land, Stuttgart 1972. Erzählfassung: H.C. Heim.

## VARENKA

Vor langer Zeit lebte in den weiten Wäldern Russlands eine Frau, die hieß Varenka. Sie besaß nicht viel, war aber zufrieden mit dem, was sie zum Leben brauchte: einen Tisch, Stühle, Kästen für Brot, Käse und Geschirr, einen Ofen, der sie wärmt und ein Bett für die Nacht. Meist war sie allein, denn es kam selten jemand bei ihr vorbei.

Eines Tages kamen Leute zu ihr und riefen aufgeregt: "Varenka, komm schnell. Im Westen wütet ein Krieg und die Soldaten kommen jeden Tag näher. Pack deine Sachen und flieh mit uns, bevor dir etwas zustößt!" Varenka erschrak. Sie überlegte. Aber dann sagte sie: „Wer soll die Menschen bewirten, die in diese Gegend kommen und wer soll ihnen den Weg weisen? Und wer wird sich um die Tiere und Vögel kümmern, wenn der Winter kommt mit Eis und Schnee? Nein, ich muss bleiben! Aber geht ruhig, Gott möge euch beschützen!"

Da eilten die Leute weiter und Varenka blieb allein zurück. Sie stand ganz still und lauschte. Jetzt hörte sie auch das Donnern der Kanonen in der Ferne. Sie verriegelte die Tür, kniete vor der Ikone nieder und bat Gott, um ihr Haus eine Mauer zu bauen.

Es wurde Abend. Die Kanonen verstummten und Friede lag über dem Wald. Varenka ging schlafen. Als sie am nächsten Morgen hinausschaute, war keine Mauer um ihr Haus. So ging sie in den Wald,

Reisig sammeln, um Feuer machen zu können. In der Ferne hörte sie wieder die Kanonen. Sie waren schon etwas lauter als gestern. „Ach", seufzte sie, „was wird aus mir und meinem Haus?" Gegen Abend kehrte sie mit viel Reisig zurück. Nicht lange, da pochte es an die Tür. Als sie öffnete, stand ein alter Mann mit einer kleinen Ziege an ihrer Tür. Sie erkannte Pjotr, den Ziegenhirt und fragte: "Was machst du hier im Wald? Warum bist du nicht zu Hause?" Pjotr erzählte: „Die Soldaten haben meine Hütte niedergebrannt und mir alles genommen, außer dieser kleinen Ziege und meinem Instrument. Bitte nimm uns in dein Haus, denn bald kommt die Nacht." Da nahm Varenka Pjotr und die kleine Ziege ins Haus, ließ ihn sich am Ofen wärmen und gab ihm eine heiße Suppe. Bevor sie sich schlafen legten, lauschte sie wieder in die Ferne. Der Kanonendonner war noch etwas lauter, und wieder kniete Varenka vor der Ikone und betete zu Gott: „Bitte, komm schnell und baue eine Mauer um mein Haus, damit die Soldaten vorbeigehen und Pjotr, mich und die kleine Ziege nicht sehen werden!" Die Nacht kam und wieder verstummten die Kanonen und alles war still. Die Blumen falteten ihre Blütenblätter, die Tiere in den Bäumen und Höhlen kuschelten sich zusammen und schliefen ein. Auch Varenka und Pjotr fielen in einen tiefen Schlaf.

Früh am Morgen schaute Varenka aus dem Fenster: um ihr Haus war wieder keine Mauer und sie fühlte sich so schutzlos wie am Tag zuvor. So ging sie in den Wald, um Pilze und Kräuter zu sammeln. Da entdeckte sie einen jungen Mann, der in einem hohlen Baum schlief. „Wach auf!" rief Varenka. „Hier kannst du nicht schlafen! Die

Soldaten werden dich hier finden. Hörst du die Kanonen nicht?"

„Doch!" antwortete der junge Mann, „ich floh hierher in den Wald, weil Soldaten unsere Dörfer zerstört und unsere Felder niedergebrannt haben. In diesem Baum hab ich Schutz gefunden." Varenka seufzte: „Du Armer! Komm mit zu mir – da kannst du bleiben!" Er war ein Maler und hieß Stjepan. Er hatte nur ein Bild und einen Topf mit einer weißen Blume, das war alles, was ihm geblieben war. So waren sie nun schon zu dritt. Am Abend knieten Varenka, Pjotr und Stjepan vor der Ikone nieder und beteten im Stillen. Und Varenka sprach in ihrem Herzen: „Bitte, lieber Gott, komm schnell und baue eine Mauer um das Haus, damit die Soldaten uns nicht finden können!"

Die ganze Nacht über lag Friede über dem Wald und dem Haus. Nur eine Eule rief und ein paar Wölfe heulten in die Nacht. Gegen Morgen schaute Varenka aus dem Fenster. Aber keine Mauer stand um ihr Haus. Da ergriff sie große Angst. An diesem Tag schob Varenka viel Holz in den Ofen und begann, Brot zu backen. Während sie den Teig knetete, hörte sie jemanden leise weinen. Sie schaute zum Fenster hinaus und sah ein kleines Mädchen, das bitterlich weinte. In den Armen hielt es eine Taube. Erschrocken fragte Varenka: „Liebes Kind, was machst du so alleine hier im Wald? Hörst du nicht den Lärm der Kanonen? Du solltest bei deinen Eltern sein." „Ach" schluchzte das Mädchen. „Ich bin ganz allein, habe nur noch diese Taube. Ich habe Vater und Mutter auf der Flucht verloren. Da bin ich in den Wald gerannt. Und bei dir roch es so gut nach frischem Brot! Das macht mich hungrig".

„Komm herein!" sagte Varenka. „Wir sind hier jetzt eine kleine Familie und du bist die Jüngste bei uns. Bleib hier, bis wir deine Eltern wieder gefunden haben!"

Das Mädchen hieß Bodula. Varenka nahm sie auf, gab ihr frisches Brot und Tee und die Taube pickte die Krumen, die ihr Bodula hinstreute. Den ganzen Tag lang hörten sie im Hintergrund die Schüsse der Kanonen und hatten Angst. Schließlich nahm Pjotr seine Balalaika und begann zu spielen. Stjepan, Varenka, Pjotr und Bodula sangen dihre azu russische Weisen. Als sich der Tag neigte und der Mond aufging, war Frieden in ihren Herzen. Und wieder beteten sie vor dem Schlafengehen und Varenka sprach: „Lieber Vater im Himmel, heute Nacht musst du kommen und eine Mauer bauen, die so hoch ist, dass kein Soldat mein Haus sieht; dann sind wir alle gerettet, der Maler und seine Blume, der Hirt und seine Ziege, das Kind mit seiner Taube und ich. Aber ich fürchte, es ist schon sehr spät; morgen werden die Soldaten hier sein und wir sind alle verloren."

Auch in dieser Nacht war es sehr still. Und in der stillsten Stunde war ein leiser Ton um Varenkas Haus. Varenka öffnete vorsichtig das Fenster und sah, dass Schnee fiel. So dicht war er schon gefallen, dass der Schnee bis zum Fenstersims reichte. Varenka schloss leise den Laden, fiel auf die Knie und dankte. Es schneite die ganze lange Nacht und im Morgengrauen war Varenkas kleines Haus ganz von Schnee bedeckt.

Am Mittag kamen die Soldaten. Sie zogen mit viel Lärm durch den Wald und suchten nach Feinden. In dem kleinen Haus saßen alle still und dicht beisammen. Die Soldaten waren schon ganz nah beim Haus und sie hörten ihre Stimmen. Aber - sie gingen vorüber und ihre Stimmen verloren sich langsam in der Ferne. Sie hatten Varenkas kleines Haus nicht gesehen, weil es tief im Schnee versteckt war. Stjepan, Pjotr, Bodula und Varenka dankten von Herzen, dass sie gerettet waren. Die Soldaten aber zogen weiter und es gab keinen Krieg mehr in diesem Teil Russlands.

Als der Schnee schmolz, traten sie vor das Haus. Die Taube flatterte in die Lüfte, die Ziege machte übermütige Sprünge und Stjepan pflanzte seine Blume vor Varenkas Haus. Der Frühling kam. Bodula fand ihre Eltern wieder und ging mit ihnen zurück ins Dorf. Die Ziege hatte ein Zicklein. Aus den Samen der weißen Blume wuchsen neue Blumen. Die Taube flog weit fort, um der Welt zu verkünden, dass der Friede wieder eingezogen war. Und Stjepan, weil er ein Künstler war, malte einige Bilder, um die Geschichte zu erzählen, wie Gott einst eine Mauer um Varenkas kleines Haus gebaut hatte.[76]

[76] Bernadette Watts, Varenka, nach einer russischen Legende, 1971, Erzählfassung: J. Wagner.

# WIE DIE CHRISTROSE AUF DIE ERDE KAM

Es war einmal ein Kloster unten im Tal, dessen Abt Blumen sehr liebte. Deshalb pflegte der Bruder Gärtner auch einen großen Blumengarten. Oben auf dem Berg aber wuchs dichter Wald und in diesem hauste eine Räuberfamilie. Immer wieder einmal kam die Räubermutter ins Tal um zu betteln und weil sie aussah wie eine Hexe, fürchteten sich die Leute vor ihrer Verwünschung und gaben ihr stets etwas.

An einem Tag im Sommer bettelte die Räubermutter beim Kloster. Die Tür zum Garten stand offen und sie schaute sich die Blumen an. „Hast du jemals so schöne Blumen gesehen?" fragte der Bruder Gärtner. – „Pah, die sind gar nichts gegen unsere! Wir haben in der Christnacht viel schönere!" – „Du lügst! Wie sollen denn im Winter und im Wald Blumen wachsen!" So stritten sie hin und her. Der Abt kam dazu und fragte: „Frau, wie können bei euch in der Christnacht die Blumen wachsen?" Da erzählte sie: „Einmal im Jahr haben wir armen Leute es auch gut! In der Christnacht kommt ein Engel vom Himmel und pflanzt uns vor unserer Höhle einen Garten mit den allerschönsten Blumen. Die blühen aber nur während der Weihnacht."- „Oh Frau", rief der Abt, „darf ich diese Blumen einmal sehen? Ich trage so großes Verlangen danach!" Und er bat so herzlich, bis sie einwilligte. Er musste aber versprechen, ihren Schlupfwinkel nicht zu verraten. Der Bruder Gärtner wollte ihn begleiten und damit war sie schließlich auch einverstanden.

Am Heiligen Abend stiegen der Abt und der Bruder Gärtner zum Waldrand hinauf. Der Räubervater erschien, verband ihnen die Augen und führte sie zu seiner Höhle, wo die Räubermutter und ihre Kinder warteten. Dort aber war nichts zu sehen als nackte Erde und harter Fels. Enttäuscht schaute der Abt sich um. Als man aber vom Kloster die Glocken zur Christmette läuten hörte, wurde es hell vor der Höhle. Ein Engel erschien und pflanze dort in Windeseile einen wahren Paradiesgarten, in dem die herrlichsten Blumen blühten, Blumen, wie sie der Abt noch nie gesehen hatte. Besonders eine mit weißen Blüten, die wie Sterne leuchteten und mit einem goldenen Herzen in der Mitte, gefiel ihm. Ehrfürchtig beugte er sich nieder und legte die Hände um sie.

Der Bruder Gärtner aber sah das alles voll Neid und rief: „Das ist doch alles Teufels Blendwerk!" In diesem Augenblick wurde es dunkel und der ganze Garten verschwand. Nur die Blume, welche der Abt in den Händen gehalten hatte, war noch geblieben. „Nun habt ihr uns das einzige Schöne zerstört, das wir im Leben hatten", jammerte und klagte die Räubermutter. – "Frau, das will ich wieder gut machen!" sagte der Abt. „Räubervater, ich will dir einen Freibrief besorgen. Zieh doch mit den Deinen wieder zu den Menschen ins Tal! Beim Kloster sollt ihr Herberge und Arbeit finden und eure Kinder können etwas Rechtes lernen." Und so geschah es auch.

Die Blume aber, die der Abt immer noch in Händen hielt, nannte er Christrose. Sorgfältig wurde sie in den Klostergarten gepflanzt. Seither kennen und lieben die Menschen die Christrose, welche stets in der Weihnachtszeit blüht.[77]


*Fastnacht*

## DES KAISERS NEUE KLEIDER

Vor vielen Jahren lebte ein Kaiser, der so ungeheuer viel auf neue Kleider hielt, dass er all sein Geld dafür ausgab, um recht geputzt zu sein. Er kümmerte sich nicht um seine Soldaten, kümmerte sich nicht um Theater und liebte es nicht, in den Wald zu fahren, außer um seine neuen Kleider zu zeigen. Er hatte einen Rock für jede Stunde des Tages, und ebenso wie man von einem König sagte, er ist im Rat, so sagte man hier immer: "Der Kaiser ist in der Garderobe!"

In der großen Stadt, in der er wohnte, ging es sehr munter her. An jedem Tag kamen viele Fremde an, und eines Tages kamen auch zwei Betrüger, die gaben sich für Weber aus und sagten, dass sie das schönste Zeug, was man sich denken könne, zu weben verstanden. Die Farben und das Muster seien nicht allein ungewöhnlich schön, sondern die Kleider, die von dem Zeuge genäht würden, sollten die wunderbare Eigenschaft besitzen, dass sie für

---

[77] Nach S. Lagerlöf, Die Legende von der Christrose, in einer Kurzfassung aufgeschrieben von H. C. Heim. Weiteres Wintermärchen: Die drei Männlein im Walde KHM 13.

jeden Menschen unsichtbar seien, der nicht für sein Amt tauge oder der unverzeihlich dumm sei.

‚Das wären ja prächtige Kleider', dachte der Kaiser. ‚Wenn ich solche hätte, könnte ich ja dahinterkommen, welche Männer in meinem Reiche zu dem Amte, das sie haben, nicht taugen, ich könnte die Klugen von den Dummen unterscheiden! Ja, das Zeug muss sogleich für mich gewebt werden!' Er gab den beiden Betrügern viel Handgeld, damit sie ihre Arbeit beginnen sollten.
Sie stellten auch zwei Webstühle auf, taten, als ob sie arbeiteten, aber sie hatten nicht das Geringste auf dem Stuhle. Trotzdem verlangten sie die feinste Seide und das prächtigste Gold, das steckten sie aber in ihre eigene Tasche und arbeiteten an den leeren Stühlen bis spät in die Nacht hinein. ‚Nun möchte ich doch wissen, wie weit sie mit dem Zeuge sind!', dachte der Kaiser, aber es war ihm beklommen zumute, wenn er daran dachte, dass keiner, der dumm sei oder schlecht zu seinem Amte tauge, es sehen könne. Er glaubte zwar, dass er für sich selbst nichts zu fürchten brauche, aber er wollte doch erst einen andern senden, um zu sehen, wie es damit stehe. Alle Menschen in der ganzen Stadt wussten, welche besondere Kraft das Zeug habe, und alle waren begierig zu sehen, wie schlecht oder dumm ihr Nachbar sei.

‚Ich will meinen alten, ehrlichen Minister zu den Webern senden', dachte der Kaiser, ‚er kann am besten beurteilen, wie der Stoff sich ausnimmt, denn er hat Verstand, und keiner versieht sein Amt besser als er!'

Nun ging der alte, gute Minister in den Saal hinein, wo die zwei Betrüger saßen und an den leeren Webstühlen arbeiteten. ‚Gott behüte uns!' dachte der alte Minister und riss die Augen auf. ‚Ich kann ja nichts erblicken!' Aber das sagte er nicht.

Beide Betrüger baten ihn näher zu treten und fragten, ob es nicht ein hübsches Muster und schöne Farben seien. Dann zeigten sie auf den leeren Stuhl, und der arme, alte Minister fuhr fort, die Augen aufzureißen, aber er konnte nichts sehen, denn es war nichts da. ‚Herrgott', dachte er, ‚sollte ich dumm sein? Das habe ich nie geglaubt, und das darf kein Mensch wissen! Sollte ich nicht zu meinem Amte taugen? Nein, es geht nicht an, dass ich erzähle, ich könne das Zeug nicht sehen!'

"Nun, Sie sagen nichts dazu?", fragte der eine von den Webern. "Oh, es ist niedlich, ganz allerliebst!", antwortete der alte Minister und sah durch seine Brille. "Dieses Muster und diese Farben! – Ja, ich werde dem Kaiser sagen, dass es mir sehr gefällt!"

"Nun, das freut uns!", sagten beide Weber, und darauf benannten sie die Farben mit Namen und erklärten das seltsame Muster. Der alte Minister merkte gut auf, damit er dasselbe sagen könne, wenn er zum Kaiser zurückkomme, und das tat er auch.

Nun verlangten die Betrüger mehr Geld, mehr Seide und mehr Gold zum Weben. Sie steckten alles in ihre eigenen Taschen, auf den Webstuhl kam kein

Faden, aber sie fuhren fort, wie bisher an den leeren Stühlen zu arbeiten.

Der Kaiser sandte bald wieder einen anderen tüchtigen Staatsmann hin, um zu sehen, wie es mit dem Weben stehe und ob das Zeug bald fertig sei; es ging ihm aber gerade wie dem ersten, er guckte und guckte; weil aber außer dem Webstuhl nichts da war, so konnte er nichts sehen.

"Ist das nicht ein ganz besonders prächtiges und hübsches Stück Zeug?" fragten die beiden Betrüger und zeigten und erklärten das prächtige Muster, das gar nicht da war.

‚Dumm bin ich nicht‘, dachte der Mann, ‚es ist also mein gutes Amt, zu dem ich nicht tauge! Das wäre seltsam genug, aber das muss man sich nicht anmerken lassen!‘ Daher lobte er das Zeug, das er nicht sah, und versicherte ihnen seine Freude über die schönen Farben und das herrliche Muster. "Ja, es ist ganz allerliebst!", sagte er zum Kaiser.

Alle Menschen in der Stadt sprachen von dem prächtigen Zeuge. Nun wollte der Kaiser es selbst sehen, während es noch auf dem Webstuhl sei. Mit einer ganzen Schar auserwählter Männer, unter denen auch die beiden ehrlichen Staatsmänner waren, die schon früher dagewesen, ging er zu den beiden listigen Betrügern hin, die nun aus allen Kräften webten, aber ohne Faser oder Faden.

"Ja, ist das nicht prächtig?", sagten die beiden ehrlichen Staatsmänner. "Wollen Eure Majestät sehen, welches Muster, welche Farben?" Und dann zeigten sie auf den leeren Webstuhl, denn sie glaubten, dass die andern das Zeug wohl sehen könnten.

,Was!', dachte der Kaiser, ,ich sehe gar nichts! Das ist ja schrecklich! Bin ich dumm? Tauge ich nicht dazu, Kaiser zu sein? Das wäre das Schrecklichste, was mir begegnen könnte.' "Oh, es ist sehr hübsch", sagte er, "es hat meinen allerhöchsten Beifall!" Und er nickte zufrieden und betrachtete den leeren Webstuhl; er wollte nicht sagen, dass er nichts sehen konnte. Das ganze Gefolge, was er mit sich hatte, sah und sah, aber es bekam nicht mehr heraus als alle die andern, aber sie sagten gleich wie der Kaiser: "Oh, das ist hübsch!', und sie rieten ihm, diese neuen prächtigen Kleider das erste Mal bei dem großen Feste, das bevorstand, zu tragen.

"Es ist herrlich, niedlich, ausgezeichnet!", ging es von Mund zu Mund, und man schien allerseits innig erfreut darüber. Der Kaiser verlieh jedem der Betrüger ein Ritterkreuz, um es in das Knopfloch zu hängen, und den Titel Hofweber.

Die ganze Nacht vor dem Morgen, an dem das Fest stattfinden sollte, waren die Betrüger auf und hatten sechzehn Lichte angezündet, damit man sie auch recht gut bei ihrer Arbeit beobachten konnte. Die Leute konnten sehen, dass sie stark beschäftigt waren, des Kaisers neue Kleider fertigzumachen. Sie taten, als ob sie das Zeug aus dem Webstuhl nähmen, sie schnitten in die Luft mit großen Scheren, sie nähten mit Nähnadeln ohne Faden und sagten zuletzt: "Sieh, nun sind die Kleider fertig!"

Der Kaiser mit seinen vornehmsten Beamten kam selbst, und beide Betrüger hoben den einen Arm in die Höhe, gerade, als ob sie etwas hielten, und sagten: "Seht, hier sind die Beinkleider, hier ist das Kleid, hier ist der Mantel!", und so weiter. "Es ist so leicht wie Spinnwebe; man sollte glauben, man habe nichts auf dem Körper, aber das ist gerade die Schönheit dabei!" "Ja!", sagten alle Beamten, aber sie konnten nichts sehen, denn es war nichts da.

"Belieben Eure Kaiserliche Majestät Ihre Kleider abzulegen", sagten die Betrüger, "so wollen wir Ihnen die neuen hier vor dem großen Spiegel anziehen!" Der Kaiser legte seine Kleider ab, und die Betrüger stellten sich, als ob sie ihm ein jedes Stück der neuen Kleider anzogen, die fertig genäht sein sollten, und der Kaiser wendete und drehte sich vor dem Spiegel.

"Ei, wie gut sie kleiden, wie herrlich sie sitzen!", sagten alle. "Welches Muster, welche Farben! Das ist ein kostbarer Anzug!"
"Draußen stehen sie mit dem Thronhimmel, der über Eurer Majestät getragen werden soll!", meldete der Oberzeremonienmeister.
"Seht, ich bin ja fertig!", sagte der Kaiser. "Sitzt es nicht gut?" Und dann wendete er sich nochmals zu dem Spiegel; denn es sollte scheinen, als ob er seine Kleider recht betrachte.

Die Kammerherren, die das Recht hatten, die Schleppe zu tragen, griffen mit den Händen gegen den Fußboden, als ob sie die Schleppe aufhöben, sie gingen und taten, als hielten sie etwas in der Luft; sie wagten es nicht, es sich anmerken zu lassen, dass sie nichts sehen konnten.

So ging der Kaiser unter dem prächtigen Thronhimmel, und alle Menschen auf der Straße und in den Fenstern sprachen: "Wie sind des Kaisers neue Kleider unvergleichlich! Welche Schleppe er am Kleide hat! Wie schön sie sitzt!" Keiner wollte es sich merken lassen, dass er nichts sah; denn dann hätte er ja nicht zu seinem Amte getaugt oder wäre sehr dumm gewesen. Keine Kleider des Kaisers hatten solches Glück gemacht wie diese.

"Aber er hat ja gar nichts an!", sagte endlich ein kleines Kind. "Hört die Stimme der Unschuld!", sagte der Vater; und der eine zischelte dem andern zu, was das Kind gesagt hatte.
"Aber er hat ja gar nichts an!", rief zuletzt das ganze Volk. Das ergriff den Kaiser, denn das Volk schien ihm recht zu haben, aber er dachte bei sich: ‚Nun muss ich aushalten.' Und die Kammerherren gingen und trugen die Schleppe, die gar nicht da war.[78]

---

[78] Hans Christian Andersen, Märchen für Kinder erzählt, 1837. Andere bekannte Märchenbeispiele für die Faschingszeit wären die Grimm'schen Märchen „Der gestiefelte Kater", Das tapfere Schneiderlein, Tischlein deck dich, Die Prinzessin auf der Erbse, Der süße Brei, Die Bremer Stadtmusikanten.

## DIE ZWÖLF MONATE

Es war einmal eine alte Frau, die besaß ein kleines Häuschen. Aber sie hatte kein Geld, um sich im Winter Holz und Kohle zu kaufen, um zu heizen und sich zu wärmen.

An besonders kalten Tagen stieg sie hinauf in den Bergwald und sammelte dürres Laub in einem Sack, um damit ihre Stube ein wenig warm würde. Als sie einmal gerade wieder vom Laub-Sammeln zurückkam, fiel aus einer kleinen Höhle, in der sie sich sonst immer ausgeruht hatte, ein heller Schein. Sie ging hin und sah in ihr zwölf schöne, junge Männer sitzen.

„Seid gegrüßt", sagte die alte Frau freundlich. „Grüß Gott Mütterchen", antworteten die zwölf Männer, „heute ist es ja schrecklich kalt!"

„So schlimm ist es nun auch wieder nicht", meinte die alte Frau, „es ist eben Winter, da muss es doch kalt sein".

Die jungen Männer sahen sich bedeutungsvoll an, sagten jedoch nichts dazu. „Magst du denn die Kälte lieber als die Hitze?", fragte einer der zwölf Jünglinge. „Nein", meinte das Mütterchen, „mir ist eigentlich alles recht!"

Da strahlten sich die zwölf Männer an und wollten wissen: „Du findest also keinen Monat schlecht, Mütterchen?"

„Nein", sagte die Frau, „ich finde, dass jeder Monat auf seine Art schön ist:

*„Im Januar gibt's reichlich Schnee und Eis*
*Im Februar ist Fasching, wie man weiß*
*Der Frühling, der erwacht im März*
*Und Äpfel blühen im April, mein Herz!*
*Im Mai singen Vögel ihre Lieder*
*Herrlich warm ist's im Juni dann wieder*
*Im Juli werden die Kirschen reif*
*Im August ist der Weizen so weit*
*Im September steigen am Himmel die Drachen*
*Im Oktober gibt es den Wein und manch Lachen*
*Die Nebel wallen sanft im November*
*Und Weihnachten feiern wir im Dezember –*

nein, ich habe alle Monate gerne! So, jetzt muss ich wieder nach Hause." Sie stand auf, und die zwölf Männer halfen ihr, den Sack auf den Rücken zu heben. Wie sie aber zu Hause ankam und den Sack öffnete, was sah sie darin? Lauter Goldstücke! Von da an lebte sie glücklich und ohne Sorgen.

Im Nachbarhaus aber lebte auch eine alte Frau. Die hatte keine Ruhe, bis sie erfahren hatte, woher die andere all das Gold bekommen hatte. Sie ließ sich alles ganz genau erklären, nahm einen Sack, stopfte ihn voll mit trockenen Blättern und ging damit zur Höhle hinauf. Und tatsächlich saßen da wieder die zwölf jungen Männer. Die alte Frau begann sogleich zu jammern: „Ach, es ist so kalt draußen, es wäre besser, es gäbe keinen Winter!" Die zwölf Männer schauten sich bedeutungsvoll an und schüttelten die Köpfe. „Wie gefallen dir denn die anderen Jahreszeiten?", wollten sie wissen. „Die sind auch nicht besser!", klagte da die Alte:

*„Im März, da gibt es dauernd Regen*
*Der April, der kann sich nicht festlegen*
*Im Mai gibt's Tanz mit viel Gelage*
*Im Juni schon werden kürzer die Tage*
*Im Juli ist mir's viel zu heiß*
*Noch im August rinnt mir der Schweiß*
*Und dann wird es schon wieder kalt*
*Ach, ich glaub, ich werde nicht alt! -*

nein, eigentlich gefällt mir keiner der zwölf Monate!" Die zwölf jungen Männer sagten nichts. Sie halfen der unzufriedenen Frau den Sack auf die Schultern zu heben, und diese lief so schnell sie konnte nach Hause. Als sie aber den Sack öffnete, fand sie darin nur dürre Blätter. Sie hatte bekommen, was sie geredet hatte.[79]

[79] I. Diedrichs, Das Märchenbuch der Welt, 1969.
Erzählfassung: J. Wagner. Weitere Märchen zu den Jahreszeiten s. Jürgen Wagner, Märchen von den vier Jahreszeiten, Berlin 2023.

# ANHANG

Weitere Literatur des Autors

- Märchen von den vier Jahreszeiten, Berlin 2023
- Trickster, die die Welt verändern, Berlin 2024
- Weihnachtserzählungen ohne Krippe und Kind - 30 Geschichten mit vorchristlicher Tradition und Gedichten für die Rauhnächte mit H.C. Heim, Berlin 2018
- Erdbeeren im Winter, Wetter und Klima in den Volksmärchen, Berlin 2021
- Wunder in Märchen und biblischen Geschichten, mit H.C. Heim, Neuauflage 2019
- Kraftorte der Natur im Spiegel der Volksmärchen mit Heidi Christa Heim, Neuedition 2021
- Volksmärchen und Schamanismus - Als die Menschen noch mit Tieren und Bäumen sprachen, Berlin 2018
- Märchen und biblische Geschichten, Berlin 2019
- Die Mystik und die Volksmärchen, Berlin 2019
- Frau Holle, Gedichte und Geschichten zur verhüllten Göttin, Berlin 2019
- Die beste Arznei - Heilkräfte in Volksmärchen, Weisheit und Poesie, Berlin 2021
- Märchen und Mythos, Alte Kunde, stiller Zauber, Neue Wege, Berlin 2021

- Drachen – Märchen, Mythen, Mächte, Berlin 2022
- Wege zum Frieden - Märchen, Geschichten, Weisheit, Berlin 2022
- Waldmärchen aus aller Welt, Berlin 2023

## Der Autor

*Dr. Jürgen Wagner* *1957, Studium der Theologie und Philosophie. Promotion über Martin Heidegger und Meister Eckhart. Zen-Training in Deutschland, Holland und USA. Evangelischer Pfarrer und Kursleiter. Seit 2007 freier Autor, Schriftsteller, Musiker. Veröffentlichungen in Lyrik, Märchen und spirituellen Themen. Homepage: www.liederoase.de .